Verse aus dem Nichts

Troy Dust

Verse aus dem Nichts
Lyrik & Prosa

Die erste Ausgabe von „Verse aus dem Nichts" erschien 2006 unter dem Pseudonym duesterheit als Taschenbuch bei BoD – Books on Demand, Norderstedt, und ist nicht mehr erhältlich. Das vorliegende Buch wurde teilweise neu gestaltet und beinhaltet alle Gedichte und Texte der ursprünglichen Fassung.

Text + Umschlagmotiv:
Copyright © 2021 by Troy Dust

Satz + Umschlaggestaltung:
Troy Dust

www.troydust.com

Herstellung und Verlag:
BoD – Books on Demand, Norderstedt

ISBN: 978-3-7534-8107-4

3

Inhalt

Teil 3

Teil 4

»Übe Dich in Phantasie!
Die alte Kunst – gebrauche sie!«

Dornenreich
›Zu Träumen wecke sich, wer kann‹

An der Steintreppe oder Bambuswald im Nebel

Es war in den frühen Morgenstunden, in denen ich durch den Bambuswald lief, welcher in einem derart dichten Nebel lag, dass man sich zwangsläufig fragen musste, ob es nicht doch sanfter Regen war; ich spürte ihn auf der Haut, auf meiner Zunge und erfrischend und belebend in meiner Brust.

Die Stimmung, die mich umgab, war zauberhaft und ich nahm sie dankend auf, nachdem ich eine so lange Zeit der Unruhe erlebt hatte. Der vorherrschende Frieden verdrängte mit seiner leichten Wärme die Erinnerungen an die Kämpfe, die Verzweiflung, die Wut, die Hoffnung und die immer wieder vergossenen Tränen, die das Chaos oftmals fordert, indem es mich innerlich zu erdrücken und zugleich zu zerreißen droht.

Der Grund war bedeckt von kräftig grünen Blättern, die nass glänzten und auf denen in unregelmäßigen Abständen lautlos fallende Wassertropfen ihre Ruhe fanden. Ich erfreute mich an der Vorstellung, nicht am Boden zu schreiten, sondern kopfüber hoch oben in den Wipfeln, da der trübe Schleier beides gleich aussehen ließ. Der einzige Unterschied hätte wahrscheinlich darin bestanden, dass das Rascheln und das Knistern in den Zweigen anders geklungen hätte, mehr nicht; gut, die Tropfen wären aufgestiegen, aber das hätte ich vermutlich nicht einmal bemerkt. Und so folgte ich träumend meinem unsichtbaren Weg, die rechte Hand wie immer an meinem Katana, um bereit zu sein, wenn ein Unheil droht.

Irgendwann tauchte ein fahler Schein in der Ferne auf, der meine Aufmerksamkeit auf sich zog und mich dazu bewegte, ihm zu folgen. Zu dieser Lichtquelle gesellten sich nach und nach weitere, so dass zwei parallele Reihen entstanden, die, wie sich bald herausstellte, eine Treppe säumten, die einen Hügel empor führte. Sie bestand aus einem dunkelgrauen Gestein und verfügte beidseitig an jeder sechsten Stufe über eine steinerne Laterne, in der eine Flamme brannte, die in der feuchten Luft wie ein Glühen wirkte. Die Treppe führte den schwach ansteigenden Hügel mit geringen Biegungen hinauf, gleich einem Bach, der sich seinen Weg ins Tal bahnt, um sich dem ersehnten Meer zu nähern.

Ich stellte mich direkt an das Ende, betrachtete den Verlauf und fragte mich, wohin sie wohl führte. Die Stufen bestanden aus mehreren grob bearbeiteten Platten, die allein durch ihre Maße die Trittfläche und die recht unregelmäßige Steigung bestimmten. Durchschnittlich lagen vier Platten nebeneinander und verliehen der Treppe eine Breite von rund fünf bis sechs Metern.

Es war unheimlich still, denn bis auf die landenden Wassertropfen war nichts zu vernehmen, weder der Wind noch die Schritte eines Tieres im Laub. Aus diesem Grund entschied ich mich dazu, einige Zeit zu verweilen, mich auf die dritte Stufe zu setzen und etwas von dem Brot zu essen, das ich in einem Tuch am Gürtel bei mir trug. Ich öffnete den Knoten, nachdem ich mich gesetzt und das Katana so gelegt hatte, dass der Griff auf meinem rechten Oberschenkel lag und das Scheidenende bei meinem linken Fuß. Anschließend öffnete ich das Tuch so weit, dass ich gerade in das Brot beißen konnte, um auch kleine Stückchen, die sonst zu Boden gefallen wären, nicht zu verlieren.

Nachdem ich einen Teil des Brotes gegessen und den Rest wieder sorgfältig verpackt hatte, hörte ich plötzlich hinter mir Schritte, welche langsam näher kamen. Ich packte schnell mein Schwert, erhob mich, drehte mich um und wartete – bereit zum Hieb – ab.

Aus dem Nebel tauchte eine Gestalt auf, bei welcher es sich um einen alten Mann handelte, der auf seinen Stock gestützt die Stufen herabkam. Als er mich erblickte, blieb er stehen. Wegen der schlechten Sichtverhältnisse trennten uns nur etwa zehn bis zwölf Stufen.

„Willst Du mich überfallen?" fragte er, wobei in seiner Stimme keine Angst lag, sondern eher Müdigkeit.

„Das habe ich nicht vor", sagte ich. „Ich habe hier nur Rast gemacht, um mich zu erholen und bald weiterziehen zu können."

Wortlos setzte sich der Alte wieder in Bewegung und kam zu mir herab, um neben mir stehen zu bleiben und mich von oben bis unten zu mustern. Neben seinem Stock trug er noch einen Dolch bei sich, der in seinem Gürtel steckte. „Mein Gefühl sagt mir, dass Du in der Tat kein

Dieb bist. Deshalb möchte ich mich gerne zu Dir setzen und es Dir gleich tun. Und falls ich mich irre, so soll es wohl so sein."

Mir ging kurz durch den Kopf, dass der Alte vielleicht selbst ein Dieb war, der nur so tat, als könne er keinem ein Leid zufügen. Die Zweifel verschwanden aber schlagartig, als er sich mit Hilfe seines Stockes langsam setzte.

„Wie kommt es, dass Du zu einer so unangenehmen Zeit hier durch die Wälder ziehst?"

Ich setzte mich auf seine linke Seite und legte mein Katana diesmal so ab, dass der Griff den linken Oberschenkel berührte. Dann blickte ich nach vorn in das schwerfällige Grau und atmete tief ein. „Ich bin schon lange unterwegs und eher zufällig hier. Hätte ich die Laternen nicht gesehen, so wäre ich vermutlich noch so lange marschiert, bis ich blauen Himmel und Sonnenschein gesehen hätte. Oder das Meer."

„Und weshalb bist Du schon so lange unterwegs?"

„Ich möchte Frieden finden, glücklich sein und nicht mehr so unruhig, zum Teil wütend im Herzen."

Mit diesen Sätzen begann ein Gespräch, in dessen Verlauf ich ihm so einiges von mir berichtete und welches mir die Möglichkeit gab, in der besinnlichen Stille dieses Ortes einen Blick auf mich selbst zu werfen ...

Teil 1

... denn ich suche noch immer ...

Der Zauber des Morgens

Es gibt kaum Schöneres, als in der noch schwachen Morgensonne mit nackten Füßen auf einer Wiese zu gehen und dabei dem Gesang der Vögel zu lauschen. Man kann die frische und noch nächtlich reine Luft atmen und den kühlen Tau auf seiner Haut spüren. Man kann die Wasserperlen auf den zarten Spinnennetzen betrachten und den weiten Himmel mit seinen Schäfchenwolken.

Man kann im Schatten eines Baumes am Meer sitzen, die Wellen beobachten und das Salz in der Luft riechen, dabei die Hände im Gras vergraben, die Weichheit des Bodens fühlen und dem Windspiel zwischen den Blättern und dem Meeresrauschen zuhören.

Im Grunde genommen ist so ein Augenblick für viele nichts wirklich Aufregendes, aber die Schönheit der Natur, die einem einfach so geschenkt wird, lockt mich dann doch zu einem Hauch der Freude. Und wenn es mir besonders gut geht, so fühle ich mich voller Kraft und Zufriedenheit; regelrecht unantastbar für das Chaos.

So ein Morgen ist auch ideal, um sich an diesem Baum am Meer zu erhängen, denn so ist der letzte Eindruck dieser Welt ein angenehmer Zauber und man stirbt mit einem Lächeln im Herzen.

Flammenspiel

Er saß allein am Feuer und blickte in die Flammen, die knisternd und züngelnd das Holz verzehrten. Der Schein verlor sich bereits nach wenigen Metern zwischen den Bäumen in der undurchdringlichen Schwärze der mondlosen Nacht. Er war glücklich, dass er wenigstens schemenhaft einige Bäume erkennen konnte, denn ohne sie wäre er sich vorgekommen wie auf einer weiten Wiese: Von allen Seiten ungedeckt und ein gefundenes Fressen für alles und jeden. Gut, das Feuer lockte Blicke an, aber der Wald bot durch sein Unterholz doch einen gewissen Schutz, den man auf einer Wiese oder einem Feld nicht hatte – man konnte weitaus besser hören, wenn sich jemand versuchte anzuschleichen. Selbst wenn er sich nur innerlich sicherer fühlte und zugleich wusste, dass es eigentlich für sein Leben keinen Unterschied machte, ob der Feind zwischen Bäumen laufen oder lediglich über ein Feld zu ihm jagen musste, so fühlte er sich doch von den stummen Riesen behütet; sie hielten schützend ihre Äste und Blätter über ihn.

Er beobachtete die Glut und ihr zauberhaftes Farbenspiel, welches ihn an die Reflektionen von Wasser auf einem Felsen erinnerte. Es war entspannend, den Tanz zu beobachten, auf den man nach dem Entfachen keinen Einfluss mehr hatte, außer man wollte ihm ein Ende setzen. Die Verwandlung von Holz zu Asche, die Wärme, das

Licht; er war wie ein kleines Kind, das gespannt zusieht, wie ein Schmetterling aus seiner Puppe klettert und sich dabei stetig fragt, was wohl als nächstes passieren würde.

Vor ihm lag ein Päckchen, das mit Stoff umwickelt und mit einem Lederriemen geschnürt war und welches durch seinen Zustand deutlich erkennen ließ, dass es schon einige Jahre mehr oder minder vor der Witterung geschützt auf Reisen gewesen war. Es handelte sich dabei um alle jemals von ihm mit Worten gefüllten Blätter – vornehmlich Gedichte. Das Bündel war im Laufe der Zeit immer dicker geworden und griff hier und da Gedankengänge mehrmals auf. Zwar hasste er eine Wiederholung in seinem Schaffen, auf der anderen Seite sagte er sich aber auch, dass es Gründe geben musste, wenn ihn ein Thema auch nach Jahren noch beschäftigte, zumal es nicht immer so war. Vielleicht würde er dadurch irgendwann eine neue Ebene seines Denkens erreichen oder einen gewissen Weg gezeigt bekommen, den er sonst verfehlen würde. Er wusste es einfach nicht und er hatte es auch längst aufgegeben, die ganze Angelegenheit zu hinterfragen; er schrieb stets unbehelligt weiter.

Er öffnete den Knoten und legte die Blätter sorgsam frei, indem er erst den Stoff auffaltete und dann das Leder, das darunter gelegen war. Dann nahm er das erste der wahrscheinlich mehr als 200 Blätter heraus und betrachtete es. Er hatte sich nach und nach angewöhnt, alles so klein wie möglich zu schreiben, nachdem er die ersten

Worte noch großflächig verteilt hatte, so dass die Buchstaben mehr ein kunstvolles Muster bildeten als niedergeschriebene Gedanken und Phantasien. Ohne den Inhalt näher zu studieren, legte er das Schriftstück in die Flammen, die es sogleich umarmten und vernichteten.

Diesem einen Blatt folgten weitere, teilweise mehrere auf einmal. Er übergab viele von ihnen dem Feuer, ohne sie ein letztes Mal gelesen zu haben, so dass er sich selbst der Möglichkeit einer Erinnerung beraubte. Es war ihm aber auch egal, denn er empfand nichts mehr für das Gestern; ihm war selbst das Morgen gleichgültig.

Unter all den Blättern gab es eines, das er nach einem kurzen Blick zur Seite legte, um zunächst die anderen zu verbrennen. Während er das tat, sah er ab und an auf die Buchstaben hinab und fragte sich dabei, wie es dazu gekommen war, dass er es entdeckt hatte. Es hätte genausogut zwischen einem kleinen Stapel von Blättern liegen können und wäre somit verschwunden; möglicherweise hätte er im weiteren Verlauf seines Lebens nie wieder daran gedacht, ja er hätte sich vielleicht nicht einmal mehr daran erinnern können, dass es jemals existiert hatte.

Nachdem alle Texte zu glühenden Resten zusammengefallen waren, legte er noch einige Zweige und Äste in das Feuer, um ihm noch etwas zusätzliche Nahrung zu geben, da es die ganze Nacht brennen sollte. Das Knistern schwoll zu einem kleinen Konzert an und das Licht drängte die Schatten ein Stückchen zurück.

Er legte Leder und Stoff wieder gewissenhaft und in aller Ruhe zusammen, verschnürte beides und legte das nun leere Bündel zur Seite. Anschließend nahm er das letzte Papier zur Hand und las sich den Text durch, den er an manchen Stellen nur mit Mühe und Not entziffern konnte, da die Tusche hier und da verschwommen war.

Ich sitze hier und kämpfe mit den Tränen. Mein Hals schmerzt, weil ich es unterdrücken will, obwohl ich alleine bin und es niemand bemerken würde. Ich möchte nicht weinen und mich so befreien; es würde ohnehin nur einen kurzen Augenblick lang anhalten. Vielleicht möchte ich mir die bitteren Tränen auch nicht eingestehen, wer weiß. Aber ich drohe zu zerreißen unter diesem Druck tief in mir, dem wilden Sturm und dem stumpfen Schmerz. Es ist schon sonderbar, dass ich ein Gefühl als „stumpf" bezeichne, aber ich kann es nicht anders beschreiben.

Ich habe den Eindruck, dass mich das Leben einfach erdrückt und ich dem nicht entrinnen kann. Ich fühle mich unruhig, aufgekratzt und könnte laut schreien, doch selbst das tue ich nicht. Es ist, als würde ich innerlich die Qual suchen, sie hüten und sogar nähren.

Aber es hat alles keinen Sinn, weder das Weinen noch das Schreien. Ich könnte nun gegen eine Wand schlagen oder eine Klinge fest umgreifen, ohne zu wissen, wozu; dieser Drang kam vor einiger Zeit und ich werde ihn nicht wieder los in diesen traurigen Situationen, was mich vermuten lässt, dass er sich weiter schleichend in meinen Kopf einbrennen wird, bis ich nachgebe. Anfangs war das Schreiben ausreichend, um die Gedanken abzuschütteln, ein Spaziergang, um die nötige Ruhe zu finden und ein Buch, um etwas Ablenkung zu erhalten. Doch das alles gehört der Vergangenheit an, weshalb auch immer. Wenn ich jetzt darüber nachdenken würde, so würde ich nur noch verrückter werden und am Ende gar den letzten Schritt gehen, der offenbar die einzig wirkungsvolle Lösung ist, nur dass ich nicht – noch nicht – bereit bin und nicht mit Bestimmtheit sagen kann, dass es danach besser wird. Wenn ich etwas gelernt habe, dann ist es die Tatsache, dass es stets schlimmer werden kann; der nächste Absturz kann noch tiefer sein und noch mehr Leid mit sich bringen. Aber genau das wird – wenn überhaupt – auf einem anderen Blatt stehen.

Er senkte die Schrift und betrachtete sie gedankenverloren. Es hatte sich nichts verändert in seinem Leben, denn er hatte noch immer die Ängste, die Zweifel und die Fragen. Er drehte sich auf dem gleichen Punkt immer und immer wieder im Kreis. Es war an der Zeit, neue Dinge anzugehen, und genau deshalb mussten andere Dinge beendet werden oder gar sterben.

Nach diesem Gedanken übergab er das letzte Blatt den fordernden Händen des Feuers und löste sich damit vom größten Teil seines Schaffens. Wären die Texte und Verse durch einen unglücklichen Zufall vernichtet worden, so hätte er es sich niemals verziehen, nicht besser auf die Werke geachtet zu haben. Aber diesmal war es nicht so, denn sie hatten in ihrer Gesamtheit seine Situation nicht dauerhaft verbessern oder erträglich machen können.

Er wandte sich wieder dem tanzenden Feuer zu und wartete; er wartete auf den Morgen, denn mit den ersten Sonnenstrahlen würde er den Wald verlassen und sich hinaus zu den Klippen begeben, um abschließend das Meer zu betrachten.

Im Moor

Auf einem Baumstamm im weiten Moor
Ruhte sie und ihr Blick verlor
Sich in der Ferne all der Wiesen
Die das Moor dort enden ließen
Es gab auch immergrüne Wälder
Haine, Hügel und goldgelbe Felder
Berge und das weite Meer
Wohin sie sich wünschte ach so sehr

Sie saß hier seit den Morgenstunden
Als die Blätter noch hatten getrunken
Vom dichten Nebel und dem leichten Regen
Von der fahlen Stille und ihrem Segen
Doch irgendwann zerbrach das Grau
Und es zeigte sich das zarte Blau
Um die Natur in den Tag zu führen
Wo Sonnenstrahlen Blüten berühren

Das Wolkenreich war orange bis braun
Hier und da ein roter, gelber Saum
Überall dieser leichte Schein
Seltsam und doch friedlich rein
Die Vögel sangen in den Bäumen
Und luden damit ein zum Träumen

Dunkle Wasserlöcher ohne Grund
Lagen wie ein schwarzer Schlund
Zwischen Inseln groß und klein
Mit Bäumen gleich totem Gebein

Oder nur mit Gräsern und dornigen Hecken
Wo sich auch heute noch Ängste verstecken
Auch war das Grün oftmals ein Streich
Und lockte in das Andersreich
Denn unter dem vermeintlich festen Pfad
Nur kalter Schlamm und Verdammnis lag
Somit war das Spiel bereits verloren
Ehe die Möglichkeit wurde geboren
Zu entkommen seinem Ende
Und zu folgen der Schicksalswende

Doch plötzlich erwachten Düfte
Erhoben sich in die Lüfte
Vielfältig und durchdringend
Erinnerungen in ihre Gedanken bringend
Sie konnte die wildesten Farben erkennen
Zu bunt um sie alle zu benennen
Blumen erwachten zu prachtvollem Leben
Um empor zum Himmelszelt zu streben
Nebeladern und Regenbogen
Leuchtend mit den Knospen zogen
Während Rosenwind und Feuerreigen
Tanzten um ihre Magie zu zeigen

Auf einmal zog ein heiteres Spiel
Von Lichtern auf und ihr gefiel
Der Glanz wie aus einer klaren Nacht
An den sie oft einsam hatte gedacht
Denn sie wollte nur Erlösung finden
Und Glückseligkeit fest an sich binden
Einmal wieder Wärme fühlen
Und nicht im Dunkel ihres Schmerzes wühlen

Die Lichter kamen langsam heran
Und zogen sie so in ihren Bann
Sie schwebten umher wie welkes Laub
Wie von der Sonne geküsster Staub
Immer zwei von ihnen lebten
Zusammen und so strebten
Sie hin und her und langsam weiter
Dabei auseinander und wurden breiter
Gewannen an Größe und an Licht
Drängten hervor aus der schlechten Sicht

Zu ihrem Entsetzen zeigte sich
Das Grauen wahrlich widerlich
Denn es erwachten faule Gesichter
In den Augenhöhlen die schönen Lichter
Die Fratzen mit trübem Blick und blasser Haut
Waren dem Tode wohl vertraut

Die Wesen lachten ausgelassen
Und wollten ihre Beine fassen
Sie wollten sie mit sich nehmen
In die tiefsten Nachtzeitschemen
In den Schrecken der da brannte
Und welchen nun ihr Herz erkannte

Die Knochenfinger zerrten an ihr
Mit ungezügelt grober Gier
Eisige Berührungen aus dem Totenreich
Haut wie Leder, rissig bleich
Ihrer Kehle entkam ungehört
Ein greller Schrei und zerstört
Wurde der Zauber von Zufriedenheit

Im Antlitz der Pforte hin zur Ewigkeit
Denn diese öffnete sich mit einem Mal
Um sie zu leiten in die Qual
Die da züngelnd Seelen brannte
Und ihre eigene Macht nur zu gut kannte

Sie versuchte sich zu halten
Zu entkommen den Gestalten
Die da schnitten mit finsterer Wut
Ihre Haut und das Blut
Quoll hervor wie roter Wein
Nektar und Quell von ihrem Sein

Sie sah wie die Welt sich wandte
Wie die Sonne Pflanzen verbrannte
Wie alles in Verwesung ertrank
Stinkend, fallend, weich und krank
So wurde sie vom Wahnsinn genommen
Nach da wo er war hergekommen

So liegt sie nun noch immer dort
An diesem längst vergessenen Ort
In ihrem Grabe ohne Licht
Wo Verzweiflung Hoffnung bricht

Die Stimme aus dem Nichts

Ich saß vor dem Feuer und folgte dem Knistern des Holzes hinein in mein Inneres. Und dort hörte ich sie; diese Stimme in meinem Kopf. Immer wieder und wieder. Schleichend, stumpf, laut und leise. Sie machte das Chaos noch schlimmer. Diese verfluchte Stimme aus dem Nichts.

„Du kannst mich nicht bezwingen, denn ich kenne zu viele Wege, um Dir wehzutun. Und wenn Du es doch eines Tages schaffen würdest, so wäre es, als wäre ein Schöpfer mit seinem Werk zufrieden und er könnte es nicht besser machen – es wäre sinnlos, da es nicht weitergehen würde; Dir würde der Grund fehlen, der Dich leben, der Dich fühlen lässt. Aber dazu lasse ich es nicht kommen.“

Ich schlug mir mit aller Gewalt gegen den Schädel, bis dieser schmerzte, doch die Stimme blieb.

„Knie lieber nieder, und danke mir, dass Du leiden darfst, denn genau das ist es, was Dich antreibt und Dir Kraft gibt!“

Der Felsen im Wald

Sie saß auf einem hohen Felsen, der knapp über die Kronen des umgebenden Waldes ragte. Es war, als könne sie aufstehen und über die Bäume laufen, wie über eine weite Wiese; barfuss laufen, immer weiter, bis zum fernen Horizont und dem Meer, das glitzernd irgendwo dort hinten liegen musste. In ihrer Phantasie bildeten die farbenfrohen Herbstblätter wogende Blütenteppiche, die sich vom Wind liebevoll streicheln ließen und sie zufrieden anlächelten.

So saß sie da, während die einzelnen Wolken von der Sonne weg und über ihr vorüberzogen, um die langsam heranrückende Nacht zu begrüßen, die man bereits erahnen konnte. Sie fand, dass der Himmel viel reiner wirkt, wenn graue Wolken schwer auf dem Blau liegen und vorher von einem Sturm zerrissen wurden. Und sie fragte sich, ob der Duft des frischen Windes ein Hinweis auf ein kommendes Unwetter mit Blitz, Donner und Regen war; sie musste noch einen langen Weg hinter sich bringen, um nach diesem Spaziergang wieder nach Hause zu gelangen. Sie fand es normalerweise schön, im Regen zu laufen, aber an diesem Tag war es dafür einfach zu kalt.

Am Feldweg im Morgenlicht

Er fand es zauberhaft, wie das Licht immer wieder durch den hauchdünnen Nebel brach, der wie eine sehr niedrige Wolkendecke über die Gegend zog, und in deutlich sichtbaren Strahlen seinen Schein auf den Boden warf. Da es sich um die Morgensonne handelte, fiel der Glanz schräg ein, was der gesamten Stimmung etwas von einem prunkvollen Gemälde gab. Mit ein wenig Phantasie wirkte alles so, als würde man in einem See tauchen und das Licht beobachten, das sich von der unruhigen Oberfläche zwischen den Seerosen hindurch tanzend in die Tiefe kämpft, um hier und da einen Fisch oder eine Wasserpflanze zu berühren oder sich einfach in der Dunkelheit aufzulösen. Zu dieser Magie kam hinzu, dass das Goldgelb der Weizenfelder aus einem unerfindlichen Grund mit seiner Einfachheit die Aufmerksamkeit des Betrachters fesselte. Er atmete tief ein und es war, als würde er zum ersten Mal in seinem Leben diese Reinheit riechen und diese Schönheit erblicken. Auf der einen Seite war es alltäglich, auf der anderen neu und fremd, so dass es erst ergründet werden musste und zugleich ergründet werden wollte.

Er änderte seine Sitzposition, da der einsame Baum, an dem er saß und dessen Kronenspitze in den Nebel ragte, am Rücken leicht drückte, und schaute kurz nach links und rechts in die Ferne, wo sich der Feldweg im trüben Schleier einzelner, in Bodennähe ziehender Schwaden verlor. Er konnte dort aber nichts Beunruhigendes erkennen. Auch konnte er nichts hören, nur ab und zu ein sanftes Rauschen, wenn der Wind über die Felder zog und die Pflanzen wiegte, als würde er sie streichelnd dafür belohnen, dass sie so gut wuchsen und dem Betrachter Freude schenkten.

Ob eine malerische Landschaft davon wusste, wenn sie jemanden zu einem Gedicht oder einem Bild inspirierte, wenn sie als Szene in eine Geschichte einging oder auch nur ein Lächeln schenkte? Oder war es ihr egal? Wuchsen die Pflanzen so prachtvoll, weil sie Aufmerksamkeit vom Betrachter forderten? Für einen Schmetterling waren die Blüten Nahrungsquelle, und es war weniger anzunehmen, dass sich dieser nebenher, wenn er satt war, aus reinem Genuss am Aussehen der von ihm gewählten Blumen labte – wobei er sich bei dieser Sache nicht wirklich sicher sein konnte, denn er war kein Schmetterling.

Unweigerlich erkannte er, wie sehr er umhergeeilt war, ohne sich die Zeit zu nehmen, auch nur einmal innezuhalten, sich zu erholen und seinem Körper und seinem Geist etwas Ruhe zu spenden. Er war in gewisser Weise wie dieser fliegende Schmetterling, der sich nur ab und zu niedersetzte, um sich in der Sonne zu wärmen und zu erholen – so wie er nun am Fuße des Baumes. Er fragte sich, wie viele wundervolle Momente er wohl verpasst hatte und somit niemals wieder erleben konnte. Beim nächsten Gedanken kam er jedoch zu der Erkenntnis, dass es keinen Unterschied machte, ob man schon vorher diese auf den ersten Blick kleinen Dinge gesehen hatte oder nicht, denn er konnte die Zeit ohnehin nicht zurückdrehen; er konnte nur zukünftig aufmerksamer sein.

Er atmete erneut bewusst tief ein und entschied sich dazu, noch einige Zeit zu bleiben und der Sonne bei ihrem Aufstieg zum Himmel und dem Verschwinden des Nebels zuzusehen, um dann seinen Weg gestärkt und beruhigt fortzusetzen.

Der letzte Traum

Wenn man den alten Mann in seinem kleinen Laden sah, so konnte man schnell den Eindruck gewinnen, er würde jeden Augenblick einschlafen, ganz gleich ob im Stehen oder im Sitzen. Er ging seinen Beschäftigungen mit einer Ruhe nach, als hätte er sich damit abgefunden, jeden Moment sterben zu können und dadurch die Erkenntnis gewonnen, dass nichts wirklich wichtig war und nicht wichtig sein konnte.

Er verkaufte allerlei Dinge. Zum Beispiel Schriften, Waffen, Waren aus Ton, Gegenstände aus Holz und Bambus, Gemälde und sogar kleine Skulpturen aus Stein und Metall. Einige der Gegenstände hatte er durch Tauschgeschäfte erworben, andere wiederum im Laufe vieler Jahre selbst gefertigt. Wenn man sich nur lange genug in den Räumlichkeiten aufhielt, fand man von ganz allein etwas Interessantes, denn hinter der Tür lag eine Art Wunderland.

Es zog mich immer wieder in dieses Geschäft; nicht regelmäßig, aber wenn sich die Gelegenheit ergab und mich mein Weg in die Gegend führte, dann besuchte ich den alten Mann. So gut wie mir die vergangenen Besuche in Erinnerung waren, so gut erinnerte er sich an mich, was sich dadurch zeigte, dass er, noch bevor das erste Wort der Begrüßung fiel, zwei Trinkschalen und eine Karaffe mit Wein holte, um das Wiedersehen zu feiern. Daraufhin legte ich stets mein Katana nieder und nahm ihm gegenüber Platz, um den ersten Schluck zu nehmen.

Leider kann ich mich nicht mehr daran erinnern, wie ich den Alten damals gefunden hatte. Vielleicht war es Zufall gewesen, möglicherweise Vorhersehung, oder ich hatte einfach irgendwo bewusst oder unbewusst einen Hinweis bekommen oder ein Gespräch gehört. Es lag einfach zu weit zurück.

Auf der einen Seite verband uns eine Art Freundschaft, auf der anderen wurde ich von Neugier getrieben, denn neben den im Laden offen zur Schau gestellten Sachen bot er noch etwas anderes an: Träume.

Das unergründliche und von ihm streng gehütete Geheimnis gab es in Form von Räucherwerk und Wein, wobei sich die Wirkungen der beiden Substanzen in keiner Weise unterschieden.

„Du kennst das Gefühl. Du weißt genau, dass Dich das, was Du tust, nicht erfüllt und auch nie in der Lage sein wird, Dich zu erfüllen."

Ich wunderte mich, dass er es fertig brachte, so etwas zu erkennen, denn wir hatten uns bisher nur einmal gesehen. Ich nahm einen Schluck Wein, stellte die Trinkschale wieder neben die Karaffe und antwortete: „Das ist der Grund, weshalb ich durch das Land wandere. Ich möchte das finden, was mich glücklich macht und die Leere in mir vertreibt."

„Aber das Glück war bisher nie von Dauer."

„Leider."

Auch er nahm einen Schluck, behielt die Trink-
schale danach aber in der Hand. „Dann möchte
ich Dir etwas zeigen, bevor sich unsere Wege
wieder trennen."

Wir schwiegen uns einen Augenblick lang an.
Er schien auf eine Reaktion von mir zu warten,
während ich auf eine Erklärung hoffte. Anstatt die
Stille zu brechen, saßen wir da und starrten uns
an. Er trank noch einen Schluck und dann noch
einen, ohne dabei den Blick von mir abzuwenden.

„Was ist es?" fragte ich schließlich, bevor ich
meine Trinkschale leerte. Es war mir irgendwie
unangenehm, ihm diese Frage zu stellen, denn
sein prüfender Blick verunsicherte mich; die Neu-
gier, die er entfacht hatte, war jedoch stärker als
meine Beschämung.

Er schwieg weiterhin beharrlich, schaute mir in
die Augen, griff nach der Karaffe und füllte mei-
ne Schale. Dann ließ er den Blick von mir fallen,
stellte seine Schale ab und stand auf, um in einen
Nebenraum zu gehen.

Ich stellte die Trinkschale ebenfalls ab und
prüfte in seiner Abwesenheit die Lage meines
Schwertes, denn aus einem unerfindlichen Grund
überkam mich ein unbehagliches Gefühl, so als
würde etwas bevorstehen; und ich hatte wahrlich
kein Interesse daran, an diesem Ort meinen letz-
ten Schluck Wein getrunken zu haben. Ich sich-
tete auch kurz die Fluchtmöglichkeiten, denn ich
musste auf alles vorbereitet sein.

Nach kurzer Zeit kam der alte Mann wieder. In
seiner rechten Hand hielt er eine Schale mit Sand,

in welchem einige qualmende Räucherstäbchen steckten. Er nahm wieder vor mir Platz und stellte sie direkt zwischen uns neben die Karaffe.

„Ich hoffe, Du bist offen für etwas Magie", sagte er und brach damit die Stille.

Mir waren diese Worte ein Rätsel und ich sah ihn fragend an, nachdem ich kurz die Räucherstäbchen betrachtet hatte, ohne etwas Ungewöhnliches daran zu erkennen, während sich der Qualm mit seinen zarten Äderchen im Raum verteilte; zu meiner großen Verwunderung konnte ich absolut nichts riechen.

Er lächelte.

Für einen kurzen Moment hatte ich den Gedanken, dass es sich um eine Falle handeln könnte, zumal ich den Alten im Grunde genommen gar nicht kannte. Aber dann ließ ich von dieser Überlegung ab, da auch er den Rauch einatmete und demnach selbst von den Folgen betroffen wäre, weshalb es unsinnig gewesen wäre, mir auf diese Art etwas Böses zu wollen.

Der Dunst stieg wie graublaues, wachsendes Gras, wie ein sich verzweigender Baum auf und verteilte sich immer weiter im Raum; kaum verlor sich ein Strang, kamen zwei neue nach, um seinen Platz würdevoll einzunehmen und seinen zu zeitig beendeten Weg fortzusetzen. Es entstand ein komplexes Geflecht, das sich offenbar nach einer gewissen Gesetzmäßigkeit aufbaute, denn nichts wirkte unkoordiniert. Die Adern umspielten einander wie die Ranken einer Pflanze oder legten sich übereinander wie das Gewebe eines Teppichs. Es gab nur die flüchtigen Linien und keine einzige Wolke, die das Gesamtbild des außergewöhnlichen Tanzes hätte stören können.

Mich durchströmte auf einmal eine angenehme Ruhe, welche zunahm, je schlechter die Sicht wurde. Mir war, als würden mich die körperlosen Schlangen durchdringen und dabei an den Stellen, wo sie mich berührten, ein Kribbeln und zugleich wohlige Wärme erzeugen. Ich fühlte mich immer leichter und träge, schwerelos wie der Wind und doch schwer wie ein Stein.

Als ich den alten Mann nicht mehr sehen konnte und auch der Rest der Umgebung dem trostlosen Graublau gewichen war, begann plötzlich eine Veränderung um sich zu greifen: Zwischen einzelnen sich überlagernden Adern tauchten Stellen mit hellen Farben jeder Art auf, um nach kurzer Zeit wieder zu verschwinden; es war, als würde man durch eine Wand aus mehreren hintereinander angebrachten Netzen mit kleinen Maschen blicken, die sich stetig gegeneinander bewegten und so ab und zu einen Blick auf den Bereich dahinter gewährten. Im oberen Bereich dominierte Blau, im unteren Grün und Weiß und dazwischen ein Übergang vom einen in den anderen Ton in allen nur erdenklichen Farben.

Es dauerte auch nicht lange, bis ich einen leichten Windhauch warm in meinem Gesicht spürte und den Duft von Blumen und Gras riechen konnte. Das leise Geräusch des Regens, der auf das Dach fiel, wurde vom Gesang verschiedener Vögel überlagert und letztendlich ersetzt. Ich konnte auch Blätterrauschen, das Tosen eines Wasserfalls und das Summen von Insekten hören.

Die bunten Stellen nahmen konstant in Anzahl, Größe und Farbstärke zu, da sich immer mehr der Adern auflösten, so dass ich mich bereits nach einigen Atemzügen in einer völlig anderen Welt umsehen konnte, die sich deutlich von dem fahlen Tag unterschied, aus dem ich gekommen war.

Ich saß auf einem glatten, weißen Felsen, der ähnlich einem Schildkrötenpanzer aus dem See ragte, in welchem er lag, und blickte auf eine riesige Berglandschaft, die sich allem Anschein nach grob betrachtet kegelförmig aus der Erde erhob, sich mehrere Hundert Meter in die Höhe erstreckte und direkt vor mir lag. Die Berge, Hügel, Täler und Spalten waren an den freien Stellen allesamt komplett mit Grün bedeckt. Der Rest der Fläche lag unter von Rankenwerk, Bäumen und anderen Pflanzen bevölkerten und überwucherten Ruinen; riesige Tempelanlagen, Treppen, steinerne Gärten, Wasserbecken, Brunnen, Balkons, Türme, Brücken, Tunnel und Statuen. Aus einem der obersten Tempel entsprang ein Wasserfall, der sich auf seinem stufenartigen Weg nach unten mit anderen Strömen verband und immer stärker wurde, sich aufteilte und so ein wundervolles Schauspiel bot. Die Wasserfälle verließen an zahlreichen Stellen das Ruinenreich und schlängelten sich als Bach und Fluss in die Ferne. Einer dieser Wasserfälle stürzte von einem hervorstehenden Balkon als enorm breiter Vorhang in den

See. Das Rauschen des Wassers erfüllte die frische Luft, genauso wie es der Gesang der zahllosen Vögel tat, die zusammen mit Insekten und anderen Tieren diese zauberhafte Welt bevölkerten. Es gab mit jedem Blick mehr zu sehen, ob nun bunte Blumenfelder zwischen moosbedeckten Mauern und umgestürzten Säulen oder Bäume, die im Wind ihr Laub verloren und es wie farbenfrohen Staub verbreiteten. Und das nicht zu übersehende Glitzern und Funkeln des Wassers an unüberschaubar vielen Orten.

Ich stand auf und schaute in den See, dessen Grund über und über mit kleinen weißen Steinchen bedeckt war, zwischen denen hier und da Wasserpflanzen emporragten. Auf der vom Wasserfall leicht bewegten Oberfläche trieben Seerosen und ich vermutete, dass dieses Nass weitaus tiefer war, als es mir der Blick in das kristallklare, sehr schwach hellblaue Wasser andeutete. Das Sonnenlicht warf tanzende Schatten an den sich leicht in der Strömung wiegenden Pflanzen vorbei zum Boden.

Ich atmete tief ein – ich konnte das Wasser und die damit verbundene Reinheit riechen – und ließ meinen Blick umherschweifen. Hinter dem dünnen Wasserfall konnte ich verschwommen einen mächtigen Baum ausmachen, der runde Früchte zu tragen schien, deren Farbe eine Mischung aus Gelb, Orange, Rot und Grün war. Der Felsen, auf dem ich war, war kreisrund, im Durchmesser etwa so breit wie ich groß und bildete das Ende einer Reihe von gleichen Steinen, die wie ein

Steg vom Ufer her in einer geraden Linie auf die Ruinen zeigten. Der See war sehr weitläufig von einer abfallenden Grasfläche umgeben, die langsam nach allen Seiten hin in einen riesigen Wald überging, der aus herbstfarbenen und grünen Laubbäumen, Nadelbäumen und Bambus bestand. Alles ging wild und zufällig in den jeweiligen Randbereichen ineinander über, so dass sich durch die großen Lichtungen mit Bächen, Seen, Blumenwiesen und Farnteppichen ein erstaunliches Flickwerk ergab.

Ich sah von den Ruinen weg in die Ferne, wo das Meer funkelte und die Sonne dabei war, sich allmählich darauf vorzubereiten, sich vor der Nacht zu verbergen. Aus dieser Richtung zogen auch Streifen von Schäfchenwolken auf dem strahlenden Blau des Himmels und schenkten mir zusätzlich ein erhebendes Gefühl der Freiheit, das an diesem Ort stark vorhanden war.

Ich wollte mich gerade auf den Weg machen, über die Felsen zum Ufer zu gelangen, um mich etwas ausführlicher umzusehen, als ich feststellen musste, dass überall aus dem Boden, aus den Pflanzen, den Steinen und aus dem Wasser die graublauen Äderchen aufstiegen, durch deren Wirkung ich hierher gekommen war. Auch diesmal verzweigten sie sich immer feiner und bildeten ein sich bewegendes Geflecht, doch die Berührungen mit ihnen schenkten mir keine Wärme, sondern ein leichtes Frösteln. Der gesamte Vorgang glich dem vergangenen, nur dass alle Geräusche diesmal dem Regen wichen und der

Schein der Sonne der trüben und kühlen Stimmung des Ladens, in dem das Braun von Holz und die überall zu findenden Schatten regierten.

„Hat es Dir gefallen?" fragte die Stimme des Alten, den ich noch nicht erkennen konnte.

Ich griff kurz nach meinem Katana, um sichergehen zu können, dass ich wieder im Laden des Mannes saß. Ich wurde noch immer von der angenehmen Leichtigkeit erfüllt, die mich innerlich zum Lächeln brachte.

„Wie hast Du das gemacht?" fragte ich ihn, noch völlig überwältigt von den Eindrücken und der Tatsache, dass ich einen Zauber erlebt hatte.

Er lachte kurz. „Mein Freund, einige Dinge sind nicht für mich bestimmt, einige nicht für Dich, und wieder andere sollte nach Möglichkeit niemand erfahren."

Damit lag er durchaus richtig. Möglicherweise hätte es auch die Illusion mitsamt ihrem Reiz zerstört, wenn ich den Ursprung dieser Fähigkeit erfahren hätte – bis zum heutigen Tage stellt die Sache für mich ein einziges, endloses Mysterium dar.

„Trage das Schöne, das Du siehst, in Deinem Herzen und erinnere Dich daran, wenn es Dir schlecht geht", fuhr er fort, „denn Du kannst Deinen Blick nicht vorm Schlechten bewahren. Du musst damit leben."

Meine Sicht besserte sich und ich erkannte zunächst die Trinkschalen, dann die Karaffe und schließlich die Schale mit dem Sand und den abgebrannten Räucherstäbchen, deren Rauch sich langsamer und weniger geordnet verflüchtigte, als er gekommen war – er löste sich einfach in Form von wirren Schwaden auf.

„Weißt Du, auch ich war auf der Suche. Ich suchte lange und verschwendete meine Zeit mit sinnlosen Dingen, weil ich nicht auf mein Herz hörte. Es sagte mir, dass ich ein Träumer bin und diese Gabe teilen sollte. Irgendwann entschied ich, mich mit diesen Themen zu befassen und meinem Gefühl zu folgen. Ich hoffte, so am Ende doch noch glücklich werden zu können."

„Und bist Du glücklich?"

Er nahm seine Trinkschale und daraus einen kleinen Schluck. Er nickte. „Ich glaube schon. Ja. Weißt Du, mich besuchen nicht viele Menschen hier. Meine Geschäfte reichen, um nicht zu hungern, und darauf kommt es an. Es ist nicht wichtig, was die Leute sagen."

Er deutete mit seiner Hand an mir vorbei zur Türe, um seine Aussage zu untermalen.

„Die sind ohnehin alle der Meinung, ich sei ein einsamer Spinner. Also wen kümmert es, wenn ich hier die meiste Zeit verbringe und mich in Träume flüchte? So kann ich wenigstens dort glücklich sein, wenn es mir hier auf der Welt schon nicht gegönnt ist. Ich versuche nur, die Zeit hier irgendwie zu verbringen, denn mir fehlt ehrlich gesagt nur der Mut, dem Drama selbst ein Ende zu setzen."

„Du kennst mich nicht. Wieso zeigst Du mir das alles?"

Er richtete den Blick auf seine Schale. „Ich kann mich in Dir erkennen." Er sah mich an. „Du bist wie ich in jungen Jahren. Und ich möchte nicht, dass Du Deine Zeit vertust, wenn Du auch nur den Hauch einer Hoffnung im Herzen trägst, selbst wenn Du dadurch Gefahr läufst, ebenfalls als Spinner angesehen zu werden."

„Bisher habe ich so etwas wie meine Bestimmung leider noch nicht gefunden."

„Der Tag wird kommen. Irgendwann wird aus einer Ahnung eine Gewissheit."

„Aber das hier" – ich zeigte auf die Reste der Stäbchen – „ist doch sicherlich nicht kostenlos."

„Ob ich Geld möchte? Nein. Ich wäre ein schlechter Geschäftsmann, wenn ich Dir etwas anbieten und dann Geld oder eine andere Ware dafür verlangen würde. Aber kostenlos ist es nicht. Es ist mit einer Bitte verbunden."

„Und die wäre?"

„Besuche mich nur ab und zu und erzähle mir, wie es Dir ergangen ist. Das ist meine einzige Bitte." Er hob die Brust leicht. „Sieh mich an! Vielleicht musst Du nur noch ein einziges Mal den Weg finden und kannst dann feststellen, dass ich bereits von dieser Welt gegangen bin." Er lachte.

Ich wusste nicht, was ich auf diesen Scherz antworten sollte, also sagte ich nichts. Aber ich stimmte seiner Bedingung nickend zu. „Gerne."

Wir leerten noch gemeinsam die Karaffe, ohne uns zu unterhalten. Ich dachte noch immer über den Zauber und die damit verbundenen Eindrücke nach, was der Alte offenbar bemerkte oder einfach wusste, weshalb auch er sich in Schweigen hüllte.

Nachdem kein Tropfen mehr übrig und mein Geist angenehm erheitert war, griff ich mein Katana, erhob mich und brach auf, um meinen Weg und die Suche fortzusetzen.

Aufgrund dieses Versprechens ergab es sich, dass ich immer wieder zu dem Alten zurückkehrte. Er bot mir dabei jedes Mal einen anderen Traum an, mal als Wein, mal in der Form von Rauch; ich sah wundervolle aber auch schreckliche Dinge, erfuhr Liebe und Hass, Glück und Verzweiflung, Freude und Trauer.

Eines Tages war ich gerade dabei, die wenigen Holzstufen von der Türe zum Weg hinter mich zu bringen, als er mich nochmals ansprach.

„Warte bitte."

Ich hielt auf der Stufe an, auf der ich eben war – die vorletzte – und drehte mich um. Ich sah, dass er in seiner Hand ein kleines Gefäß hielt. Es war gebunden in Leder und in Stoff, um offenbar gut geschützt zu sein. Ferner hatte es zwei lederne Riemen, die ebenfalls mit Stoff umwickelt waren, um nicht so schnell zu reißen.

„Ich erwähnte ja, dass ich mich nicht mehr so gut fühle." Er hustete.

„Was nicht zwingend etwas Schlechtes zu bedeuten hat", entgegnete ich, da ich wusste, worauf er hinauswollte, zumal er mir berichtet hatte, er fühle im Inneren seines Herzens, dass sich seine Zeit dem Ende entgegen neigte.

„Aber es ist so. Ich kann mich nicht davor verstecken und Du auch nicht. Ich will schon so lange, dass es vorbei ist, und nun kündigt es sich an. Du solltest Dich mit mir freuen!" Er lächelte.

Ich lief die Stufen zurück und stellte mich vor ihn; vor den alten Mann, der seit meinem letzten Besuch so stark gealtert war, dass man es gar nicht richtig in Worte fassen konnte. Sein Gesicht war eingefallen, seine Bewegungen wirkten nicht mehr entspannt, sondern kraftlos, und sein Blick war ohne Ausdruck, so als würde er sich schon gar nicht mehr hier befinden.

„Es gibt von allen Träumen zahllose Variationen, doch dieser hier ist der letzte. Ich möchte ihn Dir mitgeben, da ich nicht weiß, wann sich unsere Wege wieder kreuzen und ich auch nicht sagen kann, ob sie es überhaupt noch einmal tun werden."

„Was ist es für ein Traum?"

„Der Traum vom Tod." Er schwieg, als wollte er dieser schweren Bedeutung Nachdruck verleihen. „Überlege es Dir aber gut, wann und ob Du Dich auf diese Reise einlassen möchtest. Ich denke, dass ich noch nicht dazu bereit war. Ich kann aber auch nicht sagen, ob man jemals dafür bereit sein kann. Ich weiß es einfach nicht."

Ich nahm das etwa faustgroße Gefäß an. Es war für seine Größe recht leicht und konnte daher nur einige Schlucke enthalten.

„Ich wünsche Dir alles Gute", sagte er, ehe er sich in den Laden zurückzog und aus meinem Blickfeld verschwand.

„Ich Dir auch", erwiderte ich, wandte mich ab und setzte meinen Weg fort.

Ich hielt das Behältnis in der Hand und verzichtete vorerst darauf, es an meinen Gürtel zu binden. Statt dessen betrachtete ich es, während das Haus in der Ferne verschwand und ich mich weiter in den Bambuswald bewegte.

Auf einmal fiel mir ein Stück Papier auf, das sich zwischen den Stofflagen versteckte. Ich blieb stehen und zog es hervor, um es genauer zu betrachten.

Auf dem Zettel standen folgende Worte:

Ich möchte die Schönheit der Natur trinken
Sie aufnehmen
Tiefer als mit meinen Sinnen

Ich freute mich, auch wenn ich nicht genau wusste, weshalb. Vielleicht, weil der Alte seinem Leben für sich selbst einen Sinn gegeben hatte und ich daran teilhaben konnte; und wahrscheinlich auch, weil er den letzten Traum mit mir teilte.

Ich platzierte den Zettel wieder zwischen dem Stoff, band das kleine Gefäß fest an meinen Gürtel, atmete nochmals tief durch und lief weiter.

Ein Morgen im Herbst

Er saß schweigend an seinem Schreibtisch und starrte ins Nichts. Der Raum lag unter einem trüben Schleier abgestandener und staubiger Luft, so dass er mit dem erwachenden Herbsttag eine traurige Einheit bildete. Die Wand hinter dem Tisch war von einem vollständig gefüllten Bücherregal verdeckt, das bis an die Decke des etwa drei Meter hohen Zimmers reichte; so verhielt es sich auch mit der Wand gegenüber – sie war rund sieben Meter breit – und jener, die sich zur rechten Seite des Mannes erhob – ihre Länge betrug etwa 15 Meter. In der Mitte dieser Wand war ein Kamin zu finden, in welchem sich zu diesem Zeitpunkt nur noch kalte Asche und einige verkohlte Holzreste befanden. Auf halbem Weg zwischen Kamin und den Büchern gegenüber des Schreibtisches befand sich eine Türe, an deren Stelle das riesige Regal einen Ausschnitt hatte. Während das Regal nahezu nahtlos an der Türe lag, umgab den Kamin links, rechts und oben ein Freiraum von etwa einem halben Meter Breite, der Stein und Regalholz trennte. An der frei sichtbaren Wand hingen einige kleine Malereien, die sich nur aus Weiß, Schwarz und ihren Mischungen zusammensetzten und allesamt trostlose Szenen darstellten; ein nebelverhangenes Moor, ein kahler Baum auf einem Feld und ein weiterer Baum in einer Auenlandschaft, ein Blick über einen Friedhof mit umgefallenen Grabsteinen und zerbrochenen Statuen, eine Sicht durch ein altes Tor auf ein verfallenes und überwuchertes Herrenhaus und ein kleiner Hügel mit einem Galgen und seiner leeren Schlinge.

Nach scheinbar endloser Zeit richtete der Mann seinen Blick nach links, wo sich über die gesamte Raumlänge Fenster erstreckten, die vom Boden bis zur Decke reichten. Vor diesen Fenstern hingen leichte Vorhänge weißer Farbe – sie wirkte nun grau – und schwere, schwarzrote Vorhänge, die zurückgezogen und zusammengebunden wie Säulen wirkten. In der Mitte dieser Fensterwand war eine große Flügeltüre, die man nach innen öffnen konnte und die ebenfalls mit leichten Vorhängen verhüllt war. Auf der anderen Seite der Fenster erstreckte sich die weite Gartenanlage, von welcher man nur einen sehr kleinen Teil erkennen konnte, da sich bereits in geringer Entfernung zum Haus alles im nebeligen Graublau des anbrechenden Tages verlor.

Kein Laut durchzog die Stille; das wilde Treiben der diesjährigen Festtage war im Verlauf der vergangenen Nacht immer leiser geworden und vor einiger Zeit letztendlich verstummt. Obwohl er der Besitzer des Anwesens und zugleich der Gastgeber war, hatte er sich bereits am frühen Abend des Vortages mit drei Flaschen Wein und einem Glas in das Zimmer zurückgezogen und die Türe hinter sich abgesperrt, um ungestört zu sein. Es gab zwei Gründe für seine Entscheidung: Auf der einen Seite fand er zu diesem Zeitpunkt keinen Gefallen an der Gesellschaft und auf der anderen vermisste er einen jungen Schreiber, der bisher jedes Jahr seine neuesten Werke dargeboten und so für unterhaltsame Stunden gesorgt hatte. Doch diesmal war er nicht erschienen und es gab auch keinen Hinweis auf seinen Aufenthaltsort oder die Gründe seiner Abwesenheit.

Sein Blick glitt zurück zu dem Blatt Papier, das unbeschrieben vor ihm auf dem Tisch lag und auf dessen Ecke rechts oben das Weinglas stand, in welchem sich noch ein Schluck befand und das ihn die ganze Nacht hindurch mit einem leichten und ruhigen Gefühl versorgt hatte, das dem Alkohol anhaftet und das bei einem Glas mehr oder weniger schnell verschwindet oder gar nicht erst aufkommen möchte.

Er sah von dem Glas auf und betrachtete gedankenverloren die Bücher, die ihn umgaben.

„Du kannst sie ohnehin nicht alle lesen", sagte plötzlich eine Stimme in seinem Kopf. Ihr Klang war ausgesprochen weich, doch er konnte nicht sagen, ob es eine weibliche oder eine männliche Stimme war. „Vielleicht diese hier im Raum, aber nicht die in den anderen Räumen. Auch nicht die in den Häusern der Stadt und auch nicht die in anderen Städten und anderen Ländern."

Er antwortete darauf flüsternd, so dass der Ton nicht einmal bis zur Türe dringen konnte: „Aber ich könnte es versuchen."

„Sicher, aber es wird Dir nicht gelingen."

„Wenn ich das schon weiß, so kann ich mir jede Anstrengung sparen. Willst Du mir das damit sagen?"

„Es ist Deine Entscheidung, ob Du es versuchst und scheiterst oder ob Du einen anderen Weg gehst und die Zeit nicht mit einem aussichtslosen Unterfangen verschwendest."

„Das hast Du mir schon so oft erzählt."

„Ja. Und ich weiß auch, dass es Dich nicht unberührt gelassen hat."

„Woher willst Du das wissen?"

„Ich weiß es, glaube mir. Über all die Jahre hinweg geht so etwas an keinem spurlos vorüber. Schon gar nicht, wenn es tief in einem verwurzelt ist. All die Fragen. All der Schmerz."

„... ja ..."

„Ich kenne Deinen Hunger nach innerem Frieden. Er ist und war immer so beständig wie die Ängste, die dort draußen hinter den Mauern im Wald lauern. Und im Moor."

„Was willst Du mir mit alledem sagen?"

„Erkennst Du es nicht?"

Er schwieg.

„Du weißt es."

Er schwieg weiter.

„Der Sinn liegt begraben."

Sein Augenmerk wanderte erneut nach links, wo er hinter den Fenstern in die graue Einsamkeit blickte.

„Und die Hoffnung fault."

„Das tut sie schon lange," sagte er, ergriff das Glas und trank den letzten Schluck des süßen Weines. „Das tut sie schon zu lange."

Ohne ein weiteres Wort erhob er sich von seinem Stuhl, zog die rechte Schublade des Tisches auf und nahm das Seil heraus, das sich darin befand; es war etwa fünf Meter lang, daumendick und besaß an einem Ende eine Schlinge mit sauber gefertigtem Galgenknoten, der über sieben Windungen verfügte. Er hatte die Schlinge im Laufe der Nacht gelöst und neu geknüpft, noch immer unwissend, ob er sie bald, erst später oder gar nicht benötigen würde. Er hatte schon oft mit dem Gedanken an den letzten Schritt gespielt, denn die Gewissheit, ihn zu jeder Zeit gehen zu können, schenkte ihm eine Ruhe, die ihm bisher jedes Mal geholfen hatte, die Zeit des Schmerzes zu überstehen.

Seine Schritte führten ihn an die Flügeltüre, die er ohne zu zögern öffnete und hinter sich wieder schloss, nachdem er hinaus in den Morgen getreten war. Er hielt einen Augenblick inne, um die kühle und angenehm frisch riechende Luft aufzunehmen.

Kein Laut durchdrang die wundersame, zauberhafte und zugleich unheimliche Stimmung; der schwere Nebel hatte aufgrund der schnell höher gestiegenen Sonne auch die letzten Fetzen seines finsteren Kleides abgelegt und zeigte sich nun in seiner ungetrübten Schwere, die auch im Geist des Mannes ruhte.

Mit dem Strick fest in der Hand lief er über den Vorbau, wo man meist abends zusammen saß und sich gesellig unterhielt, auf welchem zu dieser Stunde aber keine Seele zu finden war, und trat die Stufen der breiten Steintreppe hinab, um danach seine Füße auf den nassen Rasen zu setzen.

Schemenhaft konnte er direkt vor sich den Rand des Wasserbeckens ausmachen und die Bäume, die sich zu beiden Seiten erhoben. Er hatte kein Auge für die Schönheit der Anlage oder die Pracht seines Anwesens; er sah nur zu den Bäumen auf der rechten Seite des Beckens und steuerte nach kurzem Zögern darauf zu.

Und so verschwand er in den Nebelschwaden, um erst einige Stunden später wieder von ihnen freigegeben zu werden: Sein Leib bewegte sich leicht am Strick unter dem blauen Himmel, da an diesem Tag ein kalter Wind über das Land zog.

Das kleine Wiesenreich

„Es zieht wieder etwas Sonderbares mit dem Wind", sagte der alte Mann, gähnte frei heraus und streckte sich dabei. „Weißt Du, ab und zu wehen Winde aus den Bergen durch die Wälder, die mich schläfrig, regelrecht benommen machen. Ich könnte mich dann hinlegen und schlafen, auch wenn ich an dem Tag noch nichts geleistet habe." Er sah kurz zum Himmel, hielt auf diese Weise die Nase in den Wind und atmete ein, so als wäre er dabei, Witterung aufnehmen. „Aber kann das wirklich nur am Wind liegen?"

Das war eine ausgesprochen gute Frage, die ich ihm aber leider nicht beantworten konnte. Ich war noch immer von der gesamten Umgebung fasziniert, denn ich hätte nie gedacht, einmal durch Zufall einen solchen Ort zu entdecken.

Ich wollte meinen Augen nicht trauen, als ich aus den Schatten des Waldes trat und die weite Wiese erblickte, auf welcher Blumen in allen Farben und Formen zusammen mit satten Gräsern in einer Ausgewogenheit wuchsen, die ich, um ehrlich zu sein, bisher noch nie bewusst gesehen hatte. Das war aber nicht der Grund meines Staunens, denn inmitten dieser Wiese, die zu allen Seiten hin von Wald umgeben war, befand sich ein Netzwerk aus Stegen, die grob geschätzt eine Schwertlänge über den höchsten Gräsern lagen – diese waren zum Teil brusthoch – und aus Bambus und Holz bestanden. Der gesamte Aufbau war nicht sonderlich gleichmäßig oder gerade, wirkte aber überaus fließend und harmonisch. Hier und da gab es hölzerne Treppen, die zum Boden führten und kleine, überdachte Inseln, von denen einige über einen Tisch und Sitzgelegenheiten verfügten. Überall konnte man auch Stangen finden, die senkrecht aus den Geländern ragten, welche die Stege säumten, und zwischen denen ein Seil gespannt war, an dem sich Papierlaternen befanden, die nachts sicherlich mit ihren Kerzen ein angenehmes Licht spendeten. Mitten zwischen diesem Geflecht aus Wegen stand ein hölzernes Haus, das ebenfalls auf Stützen errichtet worden war. Irgendwie passte die gesamte Anlage mehr in ein Fischerdorf oder in einen See als in eine Wiese inmitten weitläufiger Wälder.

Ich zog einen Pfeil aus meinem Köcher und nahm ihn zu meinem Bogen in die linke Hand, bevor ich meinen Weg fortsetzte, denn ich wusste nicht, wer hier lebte und wie dieser jemand auf plötzlichen Besuch reagieren würde, zumal die Umgebung aussah, als würde sich nur sehr selten eine Seele an diesen Ort verirren.

Ich sah mich nach allen Seiten um und ging weiter, nachdem ich niemanden hatte sichten können. Ich lief mit normaler Geschwindigkeit, um nicht den Anschein zu erwecken, mich in böser Absicht anschleichen zu wollen. Auch hielt ich meinen Bogen niedrig. Ich ließ meine Augen unaufhörlich umherwandern, denn je mehr ich mich dem Gewirr aus Holz näherte, desto unübersichtlicher wurde die Situation. Zwar hatte ich geplant, mich nur am Boden zu bewegen, um mich bei Gefahr schneller und besser verstecken zu können, doch musste ich leider nach kurzer Zeit feststellen, dass sich mein Sichtbereich gegen Null bewegte, was mich dazu veranlasste, eine der Treppen in meiner Nähe zu nutzen und den dortigen Steg zu betreten.

Das helle Holz knarrte wohlig weich, während eine laue Brise aufkam. Ich blieb auf dem Steg stehen und orientierte mich kurz, um den kürzesten Weg zum Haus zu finden, wo ich hoffte, den Besitzer dieser Anlage anzutreffen. Ich fand dabei heraus, dass sich ein schmaler Bach aus dem Wald heraus durch die Wiese schlängelte, dann wieder im Wald auf der anderen Seite verschwand und mit seinem leisen Plätschern die Luft erfüllte – ich wunderte mich darüber, dass mir das Geräusch bisher nicht aufgefallen war; vielleicht war ich nur zu angespannt.

„Ein schöner Abend", ertönte es, als ich ein paar Schritte auf die Behausung zugegangen war.

Leicht erschrocken wandte ich mich in die Richtung, aus welcher die Stimme gekommen war – hinter mir, entgegengesetzt meines Weges –, und erblickte unweit von mir auf der nächstgelegenen Insel auf der linken Seite des Steges einen Mann, der gut und gerne 60 Jahre oder mehr auf den Schultern hatte. Er saß am Boden, lehnte am Geländer der Insel und hatte sein linkes Bein von sich gestreckt und das rechte angewinkelt.

„Setz Dich ruhig zu mir", sagte er und bot mir mit einer Geste einen Sitzplatz an.

Ich war mehr als verwundert, denn ich war an dem Alten vorübergegangen, ohne ihn zu sehen; ich brauchte dringend etwas Ruhe, um meine Sinne wieder zu schärfen.

Die Inseln waren sechseckig und so gelegen, dass vom Hauptsteg aus ein kleiner Steg zu ihnen führte; dieser war meist nicht länger als eine Armlänge. Der Bambustisch in der Mitte dieser Insel war von mehreren Sitzmatten umgeben.

Etwas misstrauisch machte ich die ersten Schritte in die Richtung des Mannes und stand kurz darauf vor ihm. Ich erkannte, dass sich auf dem Tisch eine Schale mit Reis befand, ein Teller mit Fisch, eine Trinkschale und eine Karaffe. In Griffweite lag ein Katana neben ihm.

Als der Mann bemerkte, dass ich die Waffe ansah, sagte er: „Man weiß nie, wer sich in die Gegend hier verirrt." Er blickte auf meinen Bogen, den ich noch immer zusammen mit dem Pfeil hielt. „Und ich habe keinen Grund, Dich anzugreifen. Und Du würdest nicht hier stehen, sondern irgendwo tot in der Wiese liegen, wenn ich es gewollt hätte." Er lachte über seine Worte.

Ich steckte den Pfeil ohne zu zögern in den Köcher zurück, nachdem ich diesen abgenommen hatte, denn der Alte hatte mit seiner Aussage recht; ich musste froh sein, dass er mich nicht als Bedrohung angesehen hatte. Anschließend legte ich Bogen und Köcher zur Seite und setzte mich dem Fremden gegenüber auf eine der Matten.

Und so kamen wir ins Gespräch. Der Alte verließ kurzzeitig mit seinem Schwert den Platz, um aus seinem Haus eine weitere Karaffe zu holen, eine weitere Trinkschale, geräucherten Fisch, weiteren Reis und verschiedene Beeren. Er meinte, er habe schon lange keinen Besuch mehr gehabt und wolle es daher an nichts fehlen lassen.

„Ich kann gar nicht genau sagen, wie viele Jahre ich an alledem gearbeitet habe und ob die eigenartige Brise schon immer hier war", sagte der Mann, nachdem wir nahezu alles gegessen und uns auf den Weg gemacht hatten, die Stege zu beschreiten, da er mir sein Reich zeigen wollte. Er fuhr fort, ohne eine Reaktion von mir abzuwarten. „Die Arbeiten lenkten mich aber auch ab, denn ich war besessen von der scheinbar ewigen Suche nach der Perfektion des Wortes, die mich immer weiter in den Wahnsinn geführt hatte. Ich konnte kaum noch schlafen, da ich nur schreiben wollte, Tag und Nacht. Ich wollte Eindrücke sammeln, sie bestaunen und verarbeiten, konnte aber nicht alles auf einmal tun und erlag dem Zwang, es doch zu versuchen, was dazu führte, dass ich nichts mehr frei und von Herzen genießen konnte. Mein Geist war ein rastloser Schmerz zwischen Verzweiflung und Hoffnung, zwischen Irrsinn und Mut. Ich musste mich von alledem zurückziehen, denn ich drohte daran zu ersticken."

„Und da zog es Dich an diesen Ort ...", fügte ich ein und nahm den Bogen von der rechten in die linke Hand.

„Dass es mich hierher gezogen hat, das ist etwas übertrieben. Ich wanderte umher und entdeckte die Schönheit hier. Dieses Fleckchen Erde bot sich an. In der Nähe im Wald ist ein See mit Fischen, der Bach versorgt mich mit dem Wasser des Sees, der Wald mit Holz, Bambus und Beeren und die Wiese mit dem, was ich hier anbaue."

Mir war es bis zu diesen Worten nicht aufgefallen, aber hier und da hatte der Alte Stücke der Wiese zwischen und neben den einzelnen Stegen in kleine Felder umgewandelt, wo allerlei Früchte der Natur gediehen. Selbst ein Getreidefeld mit im Wind leicht wogenden Ähren war vorhanden, das direkt vor dem Haus gelegen war. Das alles war nicht augenscheinlich, da die farbenfrohe Wiese den Blick mehr zu fesseln vermochte und es lediglich weiche Übergänge zwischen den Bereichen gab.

„Weißt Du, der eigene Frieden ist der einzige Weg, auf dem man laufen sollte", sagte er und deutete auf einen kleinen Teil, dessen Fläche durch schmale Trampelpfade nochmals geteilt wurde. „Der eine sucht und läuft länger, während der andere schneller am Ziel ist."

„Ich wäre schon zufrieden, wenn ich überhaupt wüsste, wo ich suchen soll", meinte ich dazu und blieb stehen. Es wuchsen dort unten verschiedenste Kräuter, von denen ich nur wenige kannte. Durch die verzweigten Wege wirkte der Garten von oben mit etwas Phantasie wie eine kleine Ausgabe der hölzernen Anlage. „Aber ich habe es teilweise aufgegeben, mich damit zu quälen. Statt dessen versuche ich, die Zeit zu genießen und möglichst viel zu sehen und Menschen zu treffen, denn vielleicht finde ich so durch Zufall das, was mich erlöst. Aber in schwachen Momenten verfalle ich dann doch der Grübelei. Davor kann ich mich leider nicht schützen."

„Ich mich auch nicht. Ich lebe eigentlich stets mit mir selbst am Abgrund, so wie Du sicherlich auch."

Wir setzten unseren Weg fort und begaben uns ab und an auf die Wiese, um zwischen und unter den Stegen zu laufen. Der Alte erklärte mir, dass er regelmäßig jeden Pfahl und jedes Brett überprüfte, um bei starker Verwitterung oder einem Befall von Ungeziefer schnellstmöglich reagieren und die betroffenen Teile auswechseln und verbrennen zu können.

„Wie lebt es sich hier draußen, so abgelegen vom nächsten bewohnten Haus?" fragte ich.

„Im Grunde genommen gut. Hier ist alles, was ich zum Leben benötige, wie Du sicher schon gesehen hast und wie ich sagte." Er blickte sich zunächst zufrieden um, um dann zu verweilen und in die Ferne zu schauen. „Aber ab und zu ist der Ort alles andere als friedlich. Es ist so unerklärlich wie die Sache mit dem Wind ..."

Ich wollte nachfragen, was er damit meinte, doch er löste den Blick und ging ohne ein Wort der Erklärung weiter. Wir sprachen nachfolgend über die Zeit, die ihn hierher verschlagen hatte, und wie in mühsamen Jahren das alles aus dem Nichts entstanden war. Ich erzählte im Gegenzug von mir und meiner Reise, von einigen Szenen, die mir in den Sinn kamen, berichtete von meiner Vergangenheit und von meinen Plänen für die mehr oder minder nahe Zukunft.

Nachdem wir alle Winkel beschritten hatten, setzten wir uns in das Haus des Alten, blickten durch die geöffneten Schiebetüren auf die Ähren, die im aufgekommenen Sturm tanzten, und schwiegen.

Anfänglich waren nur einige Wolken aufgezogen, kurz danach aber schon eine riesige Wolkenwand, die aufgrund des sich verändernden Lichtes – der sonderbare Schein lag auf allem und bewirkte eine eigenartige, unwirkliche Stimmung – in ihrer Färbung irgendwo zwischen Rot, Goldgelb und Rosa lag. Auch das Wetterleuchten, das die Wolkenberge durchzuckte, kam schnell näher, begleitet vom immer stärker werdenden Tosen des Windes, um sich dann mit seinem einsetzenden Grollen als nahendes Unwetter erkennen zu geben. Das Rauschen zog durch die Kronen der Bäume und durch die Wiese, versetzte alles in aufgeregte Bewegung und riss hier und da Blätter, Blütenteile und Samen mit sich, so dass sich die Luft an so mancher Stelle in ein buntes Schauspiel verwandelte. Es dauerte auch nicht sehr lange, bis die ersten Tropfen fielen und mit ihnen das Blau vom Himmel verschwand; alles bekam schlagartig einen Grauton, der die Heiterkeit des Tages vertrieb.

„Und genau das ist es", sagte er und durchbrach damit die Schweigsamkeit. „Man sollte sich eigentlich daran erfreuen, solches Wetter zu erleben und dabei in einer trockenen Behausung zu sein. Früher sah ich mir so etwas an und versuchte mir die Bilder und die Eindrücke bewusst zu merken, nur um sie später zu Papier zu bringen. Es steckte keine Freude mehr für mich in diesen kleinen Dingen, denn sie wurden zu seelenlosen Wortsammlungen."

Ich wusste nicht, was ich entgegnen sollte, weshalb ich einfach schwieg und die nun deutlich kühlere und auch reinere Luft aufnahm; mir wurde von den tiefen Atemzügen leicht schwindelig.

Der Regen fiel kräftig und gleichmäßig, nachdem der Wind nachgelassen hatte, und überzog alles mit einem trauervollen Glanz. Blitze und Lichter erfüllten den Himmel, zu welchem sich feuergleicher Nebel erhob, der aus der Wiese und den Wäldern stieg; bei von Stegen komplett umgebenen Bereichen hätte man als Betrachter vermuten können, dass es sich bei dem Nebel um den Dampf einer heißen Quelle handelt. Der verträumte Klang des Regens war unterdessen so durchdringend, dass er das Grollen und Donnern teilweise verschluckte.

Der Mann kratzte sich leicht am Hinterkopf und rieb sich im Anschluss mit der rechten Hand den Nacken. Danach begann er: „Es muss vor vielleicht fünfzehn Jahren gewesen sein, so ganz genau kann ich es leider nicht mehr sagen. Ich habe nie darüber geschrieben, was mir im Nachhinein als Dummheit vorkommt, denn die Erinnerung verblasst mit jedem Jahr mehr, genau wie die Eindrücke des Morgens, von dem ich Dir erzählen will.

In der Nacht davor war der erste Schnee gefallen und die Schicht war, wenn ich mich nicht täusche, höchstens eine Handbreit hoch und hielt sich beständig, denn seit einiger Zeit gab es auch tagsüber dauerhaft starken Frost.

Jedenfalls konnte ich nicht mehr schlafen und schob aus diesem Grund in den frühen Morgenstunden die Türe auf und trat hinaus. Im Osten konnte ich den schwarzblauen Hauch der aufgehenden Sonne erahnen, aber das war noch zu wenig Licht, um überhaupt etwas in der näheren Umgebung erkennen zu können. Die Luft war klar und klirrend kalt und ich war froh, dass ich den Sommer über genügend Feuerholz hatte sammeln und trocknen können, wodurch ich den kommenden Monaten weniger unruhig gegenüberstehen konnte.

Ich wollte mich gerade wieder ins Haus zurückziehen, um ein Feuer zu entfachen und mir einen Tee zu bereiten, als ich eine Stimme hörte. Da es absolut windstill war, konnte es keine Einbildung meines noch müden Kopfes sein, dessen war ich mir sicher. Deshalb machte ich wieder kehrt und blieb am Geländer stehen und hielt den Atem an, da ich die Stimme nicht deutlich gehört hatte. Und ich vernahm sie wieder. Sie kam irgendwo von links, wobei ich nicht ausmachen konnte, ob von einem der Stege oder von unten aus der Wiese, die ich im späten Herbst komplett gemäht hatte. Sonderbarerweise konnte ich nicht verstehen, was die Stimme – offenbar die einer Frau – wisperte. Der Tonfall war ausgesprochen zart, beinahe zerbrechlich, doch die Worte waren zugleich zerrissen und verschwommen wie in einem Sturm am Meer, was es mir unmöglich machte, den Sinn dahinter zu begreifen. Es schien weder eine Drohung zu sein noch eine Bitte, weder eine Warnung noch ein einfacher Gruß. Ich konnte es einfach nicht deuten. Es war, wie man so schön sagt, alles und nichts."

Mir fiel auf, dass der Alte bei seinen Worten regelrecht verträumt hinaus blickte, wo der Regen etwas schwächer geworden war und den Anschein erweckte, bald in Sprühregen überzugehen. Der Nebel hingegen war stärker geworden und ließ die Welt langsam aber sicher hinter seinem trüben Schleier verschwinden, was den Regen für mein Gehör intensiver machte.

„Während ich zurück ins Haus eilte, um meine Waffe zu holen, fragte ich mich mehrere Dinge. War es ein Hinterhalt? Brauchte jemand Hilfe oder war es möglicherweise doch nur eine Täuschung? Ich meine, es verirrt sich einfach zu selten jemand an diesen Ort, so dass es nahezu ausgeschlossen war, dass es ausgerechnet zu einer derartigen Jahreszeit und so früh am Morgen hätte passieren können. Es konnte kein Zufall sein, denn wieso hatte sie nicht laut gerufen, wenn sie etwas gewollt hätte?

Ich blieb mit dem Katana im Raum stehen und näherte mich nicht weiter der Türe, da ich mich entschieden hatte, dass es nicht gut wäre, bei diesen Lichtverhältnissen erneut das schützende Haus zu verlassen und mich unnötiger Gefahr auszusetzen. Sollte das Unheil zu mir kommen."

„Und Du hast gewartet?"

„Ja. Ich zog die Türe schnell wieder zu, löschte die wenigen Kerzen, die brannten, um kein Ziel für mögliche Bogenschützen mit geübtem Auge zu sein, und wartete in der Mitte des Zimmers auf dem Boden sitzend äußerst wachsam auf den Sonnenaufgang.

In dieser Zeit hörte ich die Stimme kein weiteres Mal, was mich an mir zweifeln ließ. Ich hatte sogar die Vermutung, dass ich langsam verrückt wurde, da ich schon so lange alleine hier draußen lebte. Ich verließ den Ort nur sehr selten, um mir Kerzen, Leder und andere Waren zu kaufen, die ich mir nicht selbst herstellen konnte. Und da ich niemanden kannte, der auch so abgelegen lebte, hatte ich keine Vergleichsmöglichkeiten, um zu ergründen, ob ich wahnsinnig wurde oder nicht. Ich unterhielt mich in der Regel auch mit niemandem über ein Verkaufsgespräch hinaus.

Irgendwann war es draußen annehmbar hell und ich erhob mich, um dem Zwischenfall nachzugehen. Ich schlich mich an die Türe und versuchte zu erkennen, ob ein Schatten auf der anderen Seite lauerte. Dann stieß ich sie mit einem Ruck auf, trat hinaus und blickte mich sofort nach allen Richtungen um, bereit, in Deckung zu gehen oder einen Hieb zu tun – aber es passierte nichts; ich wurde nicht angegriffen und ich konnte auch keinen einzigen Feind sichten. Ich wartete einige Momente und verhielt mich ruhig.

Wären Räuber in der Nähe gewesen, so hätten mich diese einige Tage lang beobachten und so feststellen können, dass ich allein war, oder sie hätten mich nachts im Schlaf getötet. Es hätte keinen Sinn ergeben, wenn sie sich angeschlichen hätten, um mich zu überfallen, weshalb die noch immer vorherrschende Stille nur zwei Möglichkeiten zuließ: Entweder stand ich einer einzelnen Person gegenüber, die den offenen Kampf scheute, oder ich war nach wie vor allein in dieser Gegend.

Ich verschaffte mir daraufhin einen genaueren Überblick über die gesamte Umgebung und lief nach links, von wo die Stimme gekommen war. Ich ging in diesem Augenblick überaus vorsichtig vor, da ich mich nicht in Sicherheit wiegen konnte. Es kam aber an diesem Tag zu keinem Kampf."

„Am nächsten Tag?" warf ich fragend ein.

„Nein. Ich hatte hier einige Überfälle, aber die meisten Räuber konnte ich in die Flucht schlagen. Einige habe ich auch getötet, aber das waren Ausnahmen.

Wie gesagt, ich begab mich nach links und schaute mich dabei immer wieder um. Es dauerte auch nicht sehr lange, bis ich erkannte, dass ich mir die Stimme nicht eingebildet hatte, denn ich fand auf einem der Stege deutliche Fußabdrücke im Schnee. Bei näherer Betrachtung sah ich, dass die Person aus dem Wald, über die kleine Brücke am Bach und über die Wiese gekommen war, sich auf einem der Stege etwas dem Haus genähert hatte und dann wieder den Rückweg angetreten war. Das Sonderbare daran war die Tatsache, dass es sich um barfüßige Abdrücke handelte – die zierlichen Spuren einer Frau, in denen hier und da etwas Blut zu finden war. Es war nicht viel und konnte daher nur von einer kleinen Schnittwunde stammen.

Wenn es eine Falle war, so dachte ich mir, dann war sie von der Idee her nicht schlecht geplant, und wenn es keine war, dann muss die Person irrsinnig gewesen sein, um bei dieser Jahreszeit ohne Fußbekleidung wieder in den Wald zu gehen."

Der Regen hatte während der Erzählung aufgehört und das Gewitter war grollend schnell in der Ferne verschwunden, wo es sich daran machte, langsam zu verklingen. Nun lagen nur noch die schweren Nebelschwaden in der Luft, die schleichend aufstiegen und vorüberzogen. Man konnte nicht einmal mehr deutlich die Insel sehen, auf welcher wir zusammen gegessen hatten, auch wenn sich die Sonne bemühte, die Wolkendecke zu durchbrechen, es aber nur zu einem Glühen in der Höhe brachte.

„Ich folgte dem Verlauf der Spuren aufmerksam, wobei der Weg zu mir dem zurück in den Wald glich. Ich ließ die Wiese schnell hinter mir, betrat den Wald und ging den Abdrücken nach. Unter meinen Schritten knackten Zweige und kleine Äste, was deutlich machte, wie sich die

Frau verletzt haben musste. Ab und an fiel von einem leichten Windhauch beflügelt Schnee von den raschelnden Kronen der Bäume herab, dann und wann bemerkte ich ein Tier in der Nähe oder hörte einen einsamen Vogel in der Ferne singen. Das Licht der aufgehenden Sonne brach golden durch die Wipfel und wurde hier und da im aufsteigenden Dunst des Waldes und im Hauch meines Atems sichtbar. Es war an sich ein wirklich schöner Morgen, denn überall funkelten Eis und Schnee.

Es fällt mir recht schwer, nun zu sagen, wie lange ich unterwegs war, aber es muss eine ganze Weile gewesen sein, denn ich erinnere mich, dass die Sonne schon recht hoch stand, als ich das Moor erreichte."

„Ein Moor?" Ich wurde hellhörig. Mit einem Moor hatte ich in dieser Gegend nicht gerechnet. Vielleicht rettete mir diese Geschichte das Leben, denn ich hätte durchaus in ein solches Gebiet laufen können, denn ich wusste aufgrund meiner Erfahrung, dass Moore mitunter trügerisch sein konnten. Auf der anderen Seite gab dies den Worten des Alten eine neue Wendung.

„Ja." Er deutete nach links. „Dort hinten im Wald. Ich weiß nicht, wie groß es ist, denn ich habe mir nie die Mühe gemacht, es zu umrunden. Es beginnt langsam zwischen den Bäumen und verläuft zwischen ihnen immer weiter und wirkt daher wie normaler Wald. Hier und da sind größere Lichtungen mit Wasserlöchern, kleinen Inseln mit Gräsern und Sträuchern und umgestürzte

Bäume, die faul und mit Moos überzogen zum Himmel ragen. Jetzt im Sommer ist es ein wundervoller Ort, denn auf diesen Inseln blühen zahlreiche Blumen und das Wasser glitzert wie in einem Traum."

„Hat das Moor keine Verbindung zu dem kleinen Bach hier?"

„Nein, denn der See liegt ganz woanders und hat nur einen Zulauf, der auch in dieser Richtung ist." Der Alte zeigte grob hinter sich. „Und der Bach hat keine Verzweigungen zwischen dem See, hier und seinem Zulauf in den Fluss." Seine Hand deutete nach vorn.

Ich fand ein Moor im Wald ungewöhnlich.

„Ich stand also am Rand des Moores und sah, dass die Fußabdrücke weiter in die Ferne führten, von wo sie auch gekommen waren."

Ich unterbrach ihn kurz. „Aber wer kommt barfüßig aus einem Moor?"

„Das würde ich auch gerne wissen", entgegnete er. „Da der Schnee den Boden weitestgehend bedeckte, sich aber in den noch nicht gefrorenen Wasserlöchern aufgelöst hatte, konnte ich halbwegs sehen, wo es gefährlich war und wo nicht. Zudem musste ich mich nur an die Schritte der Frau halten, um mich sicher zu bewegen, was ich auch tat. Ich blickte mich nach wie vor in unregelmäßigen Abständen nach allen Seiten hin um, um mich zu vergewissern, dass kein Feind in der Nähe war, und wagte mich langsam weiter und weiter hinein. Nun, und irgendwann stand ich dann vor einem Wasserloch."

„Einem Wasserloch?" wiederholte ich fragend.

„Ja. Die Spuren führten in ein Wasserloch hinein. Ich konnte es auch nicht glauben, aber am seichten Rand waren im Schlamm Abdrücke zu sehen, und das in beide Richtungen."

Darauf konnte ich einfach nichts sagen.

„Es führten eindeutig Spuren heraus und wieder zurück. Ich sah am Rand, dass der Schnee mit Wasser betropft worden war, teilweise so stark, dass er sich in den Bereichen vollkommen aufgelöst hatte."

„Sonderbar."

Er blickte mich an. „Unheimlich. Ich konnte vor meinem geistigen Auge schon eine blasse Hand ausmachen, die aus dem Wasser nach mir greift, um mich zu sich zu holen. Und genau diesen Gedanken nahm ich zum Anlass, den Rückweg anzutreten, zumal es nichts weiter für mich zu sehen und zu tun gab.

Du kennst sicherlich das Gefühl, wenn man innerlich weiß, dass etwas bedrohlich ist, ohne einen Anhaltspunkt für diesen Eindruck zu haben. Das hatte ich sonderbarerweise nicht an diesem Morgen am Wasserloch der Frau. Es war beinahe friedlich, jedenfalls anfangs."

„Es war friedlich? Wie meinst Du das?"

„Ich fühlte mich aufgehoben, leicht und sorgenfrei, als wäre ich in einer anderen Welt; trotz meiner Phantasie. Es war wie eine stumme Begrüßung, eine Freude über meinen Besuch. Ich war nicht in der Lage, es genau zu deuten, was mir bis heute nicht gelungen ist. Auf dem Rückweg wurde die Freude aber schnell von dem namenlosen Grauen überschattet, das von allen Seiten aus der Schwärze der anderen bodenlosen Löcher auf mich einströmte. Blicke, Ahnungen von Berührungen, ein stetiger Hauch in meinem Nacken und drohende Finsternis. Die Eindrücke brachen so ungestüm auf mich ein, dass es damit endete, dass ich durch den Wald rannte, fast so als wäre eine Horde Feinde hinter mir her und ich hätte keine Waffe."

„Bist Du jemals an den Ort zurückgekehrt?"

„Mehrmals. Zwar wollte ich damals schon am nächsten Tag losziehen, aber der starke Wintereinbruch kreuzte den Plan. Und im Frühjahr konnte ich die Stelle nicht mehr finden, wo die Schritte im Wasser untergetaucht waren.

Weißt Du, ich frage mich heute noch, was passiert wäre, wenn ich in jener Nacht das Haus verlassen hätte. Hätte ich sie gesehen und ihr helfen können? Wäre ich gestorben? Ich weiß es einfach nicht. Vielleicht kommt sie eines Winters wieder, dieses Jahr oder nächstes."

So sonderbar sich seine Geschichte auch angehört hatte, ich glaubte ihm; und zwar jedes einzelne Wort.

„Das Erlebnis wirkt nach, denn an einigen Tagen spüre ich die damals anwesenden Kräfte, wie sie im Wald lauern und mich mit ihren unsichtbaren Augen verfolgen. Und dann wünsche ich mir schon, wieder in einem Dorf zu leben, das kannst Du mir glauben. Besonders in den nebeligen Monaten im Herbst und im Winter."

Es war merkwürdig, denn so schnell wie das Unwetter gekommen war, so schnell war es in seiner Gesamtheit auch wieder verschwunden; es war kein Grollen mehr zu hören, der Dunst – er stieg nun auch von den Stegen auf – verflüchtigte sich im Schein der Sonne, welche zwischen den aufgebrochenen Wolken vom strahlenden Himmel zur Erde schien und zusammen mit dem Nebel ein wundervolles Lichtspiel vollführte. Das Wasser glitzerte auf den Pflanzen und über dem Wald vor uns erhoben sich zwei prachtvolle Regenbögen in all ihrer Schönheit, während die Wolken unaufhaltsam wichen und kurze Zeit später nur noch das klare Blau zu sehen war.

Der Alte schaute verloren hinaus zu den dampfenden Stegen. Er wirkte traurig und war allem Anschein nach im Geiste noch bei jenem Morgen und seinen dort entstandenen Fragen, die ihre Antworten noch lange nicht gefunden hatten. Da ich ihn nicht aus seiner Gedankenwelt reißen wollte, verhielt ich mich still und wartete auf sein nächstes Wort.

Die Abendsonne sank weiter dem Untergang entgegen, ohne dass jemand von uns etwas von sich gab. Wir saßen nur da und schauten zu, wie die Schatten länger wurden, wie der letzte Dunsthauch verschwand, wie Insekten wieder umherschwirrten und die hölzerne Anlage schrittweise trocknete; wir lauschten den Vögeln, genossen die reine Luft und sahen, wie die Zeit verging ...

Die Geschichte aus dem Dunkel

„... und sah mich um. Es war ein schrecklicher Ort. Überall krumme Birken, von denen die meisten nur noch einen Hauch von Weiß hatten, denn die Stämme waren stark bedeckt von Moos und nahe dem Boden von Pilzen. Der Himmel war dunkelgrau und lag so schwer auf allem wie der Nebel, der in Fetzen vorüberzog und in der Ferne die Welt verschluckte. Weil die Bäume nur noch vereinzelt Blätter trugen, trafen die meisten der dicken Regentropfen ungehindert auf das faule, braune Laub am Boden, dessen Glanz perfekt zur Stimmung passte. Wie gesagt, es war ein schrecklicher Ort. Trostlos, verlassen und fahl.

Ich musste nicht sehr weit laufen, denn ich hörte sofort das leichte Rasseln der Kette und musste dem Klang nur folgen, um ihn zu finden. Er saß am Grund, war vollkommen durchnässt und an eine Birke gekettet, die noch zu den gesündesten hier zählte. Das eine Ende der Kette war mehrmals eng um den Stamm gewickelt und dann mit einem großen Schloss befestigt worden, während das andere Ende auf die gleiche Art den Mann am Bauch umschlungen hielt. Es war eine einfache Methode, aber sie war wirkungsvoll, denn ohne das Fällen des Baumes oder das Zerstören von Kette oder Schloss war es unmöglich, den Mann aus seiner Lage zu befreien.

Als er mich sah, bekam er dieses erwartungsvolle Leuchten in den Augen und hörte sofort auf, mit dem Kettenstück zu spielen, mit dessen Hilfe es ihm möglich gewesen wäre, sich im Umkreis von etwa einem Meter um den Baum herum zu bewegen. Ich trat an ihn heran, blieb vor ihm stehen und sah zu ihm hinunter.

Er fragte sofort, ob ich sein Flehen gehört hatte und deshalb hier war.

Ich sagte darauf gar nichts und sah mich in aller Ruhe nach jeder Richtung um.

Die zwei Schlüssel hatte er weggeworfen. Sie lagen irgendwo in der Nähe im Laub, aber für ihn unerreichbar. Er meinte, er war in den frühen Morgenstunden in den Wald gekommen, um sich anzuketten. Er hatte es nicht übers Herz gebracht, sich einen Strick zu nehmen, was ihn zu dieser Tat getrieben hatte. Und er sagte, ihm sei kalt, so kalt.

Ich sah es. Er zitterte am ganzen Leib. Und wieder dieser Blick voller Hoffnung.

Je länger ich den Wald schweigend betrachtete, desto schöner wurde er für mich. Er konnte die Phantasie anregen; wer konnte schon sagen, was sich hier nachts zutrug, wenn kein Licht am Himmel steht und kein Feuer glimmt?

Der Mann erzählte mir irgend etwas. Ich hörte nicht richtig hin und nahm daher nur einige Worte ohne jeglichen Sinn auf. Sein Tonfall wurde lauter und beinahe unfreundlich. Es war witzig, denn sich in seiner Lage so zu benehmen war keine gute Wahl. Aber ich hatte zu diesem Zeitpunkt meine Entscheidung bereits getroffen. In seinem Wasserfall der Sätze wechselte seine Betonung zwischen wütend und verzweifelt und von fluchend zu flehend.

Ich wandte mich ab, ohne auch nur ein Wort mit ihm gesprochen zu haben, und lief nach rechts. Ich setzte einfach einen Fuß vor den anderen, denn ich wollte gerne sehen, wie es am Waldrand aussah. Er brüllte mir noch hinterher, dass ich ihn nicht einfach so an diesem Ort zurücklassen könne. Natürlich konnte ich. Und ich tat es. Ich behielt es aber für mich und schwieg beharrlich.

Ich blieb kurz stehen und blickte zum Himmel, um den Regen im Gesicht zu spüren – er fühlte sich angenehm an, so rein. Ich hielt so einige Momente inne und setzte dann meinen Weg fort, während die Stimme des Mannes immer leiser wurde und irgendwann im Geräusch des fallenden Regens verschwand.

Der Hieb mit meinem Sensenstahl war an diesem Tag nicht für ihn gedacht. Und damit musste er leben ...“

Abendstimmung am Fluss

Er fand die Stimmung des Lichtes irgendwie faszinierend. Er stand auf der Wiese, die sich als Streifen auf der rechten Seite entlang des Ufers eines Flusses befand, der seinen Ursprung irgendwo in den Bergen hatte. An dieser Stelle war das Wasser nicht sehr tief; die meisten Felsen, die hier das Flussbett füllten, ragten aus dem Nass und erzeugten zahlreiche Verwirbelungen und damit verbundene Klänge voller Schönheit.

Der Grasstreifen war etwa zehn Pferdelängen breit und trennte das Wasser von dem Laubwald, welcher, je weiter man in ihn lief, zunehmend in einen düsteren Nadelwald überging. Auf der gegenüberliegenden Seite des Flusses gab es ebenfalls einen solchen Streifen, nur war dieser nicht ganz so breit.

Da die Sonne schon recht tief stand, ergab es sich, dass durch den linken Wald lange Schatten geworfen wurden, die bis zum anderen Wald reichten und dort die ersten Bäume bis zu etwa drei Vierteln verhüllten, während der obere Teil eine warme Goldfärbung erhielt. Durch diesen Schein bekam die Umgebung unter dem strahlend blauen Himmel den Hauch eines Zwielichtes, dessen Grundstimmung warm und zugleich kalt wirkte.

Er lief zum Fluss und setzte sich auf einen der großen Felsen, die sich vereinzelt am Ufer befanden und dort schon seit Generationen liegen mussten, während das Wasser stetig ihre Artgenossen verkleinert hatte. Er legte seinen Bogen und den Rückenköcher ab und lehnte beides in Griffweite an den Felsen, dessen Oberfläche nicht vollkommen, aber ausgesprochen glatt war.

Hier und da tanzten Insektenschwärme über dem Wasser und über der Wiese, während er aus dem Wald Vogelgesang vernahm und aus dem Gras das Zirpen von zahlreichen Grillen. Er konnte zunehmend den Hauch beim Ausatmen sehen und fragte sich daher, wie lange es noch dauern würde, bis sich Nebel aus den Wiesen erheben und über den ruhenden Randbereichen im Fluss bilden würde.

Er wollte noch einige Zeit an diesem friedlichen Ort verweilen, ehe er die nahegelegene Ortschaft aufsuchen wollte, um sich dort in einem Rasthaus ein Nachtlager richten zu lassen. Er wollte schweigend den Tönen lauschen und sich still im Inneren Gedanken über die Dinge machen, die eventuell in den nächsten Tagen seiner langen und bisher ziellosen Reise vor ihm lagen.

Sehnsucht nach der Vergangenheit

Ein bestimmter Geruch, eine Stimmung oder eine Szene; viele Einflüsse bewirken eine kleine Reise in die Vergangenheit, die sich dann mehr im Herzen abspielt als vor dem geistigen Auge. Erinnerungen an Freude und an Leid, an ein Lachen und an bittere Tränen. Mir kommen Begebenheiten in den Sinn, an die ich lange Zeit nicht den leisesten Gedanken verschwendet habe. Es ist, als würde ein kleiner Bach an die Oberfläche treten, nur um an Kraft und damit an Erinnerung zu gewinnen.

Unter diesen ab und an entflammenden Eindrücken sind auch die Zeiten, in denen ich oft durch die Natur zog und mich von ihr inspirieren ließ. Ich erinnere mich daran, wie es war, als es nichts anderes gab als die Dinge, die mir Kraft schenkten, ihre Schönheit an mein Innerstes brachten und es mit einem Lächeln der Wärme erfüllten.

Vielleicht kann ich all diese Zeiten vor meinem Tod noch einmal erleben und so erfahren, wie es ist, wieder frei zu sein. Doch die Dinge ändern sich und man muss sich darüber freuen, dass man überhaupt solche Momente genießen konnte und sie nicht blind an einem vorübergezogen sind. Man muss sie kennen, sie fühlen, um sie zu bewahren und ihnen die Möglichkeit geben, ewig zu werden; und sei es nur in der Stille ...

In Ewigkeit

Ich wanderte
Weit
Zahllose Tage
Und Nächte
Eine Suche
Ohne Ende
Eine Reise
Ohne Ziel
Und doch
Lief ich weiter
Weg vom Abgrund
Obgleich er lockte
Mit süßer Stimme
In meinem Kopf
Durch die Wälder
In die Berge
Über weite Felder
Voller Zorn
Und Verlorenheit
Doch der Lohn
War mein
Als ich sie sah
Unweit von mir
Und ich hielt inne
Und betrachtete
Schweigend
Wie sie dort saß
Nackt
Weinend

Zitternd
Im Sonnenschein
Auf der Wiese
Im Licht
Dieses Morgens
Im Gras
Mit dem kühlen Tau
Auf ihrer blassen Haut
Und dem sanften Wind
In ihrem Haar

Nach einigen Momenten
Verließ ich die Schatten
Die mich umgaben
Das Dunkel
Der Bäume
Trat an sie heran
Und hockte mich
Zu ihr
Hinter sie
Nahe
Nur einen Hauch entfernt

Und so legte ich meine Arme
Sanft um Dich
Geliebter
Gehasster
Bitterer
Und süßer Schmerz
Der mich berührt
Der mein Herz zum Beben bringt
Und lieblichen Schauder in sich birgt

Endlich konnte ich wieder weinen
Mich befreien
Von der Aussichtslosigkeit
Und den Fragen
Die mich quälten
Wie die Leere
Seit Jahren
Seit dem ersten Schritt
Meines Pfades
Wo ich ihn suchte
Den Sinn
Die Bedeutung
Und die Bestimmung
Meines Lebens
Meiner Person
Und meiner Ängste
Und Zweifel
Die ein Teil sind
Von mir
Von meinem Herzen
Und meinem Schaffen
Ich konnte wieder lächeln
Und Träumen
Von Erlösung
Und Frieden
In mir
In meinen Worten
Und Gedanken
Als ich sie berührte
Und fühlte
Meine Hoffnung
Die ich verschollen glaubte

Seit so langer Zeit
Unauffindbar
Im Chaos
Dieser Welt

Wir saßen zusammen
Schweigsam
Bewegungslos
Und betrachteten den Tag
Wie er erblühte
Um sich zu verlieren
Im Abend
In der frischen Luft
Und der Müdigkeit
Die sich senkte
Wie die Dunkelheit
Die über alles kam
Der man nicht entkommen konnte
Die melancholisch machte
Und mir zeigte
Wie ausweglos es war
Hier zu ruhen
Mit einer Lüge
Und dem Verlust
Meiner Tränen
Mit dem Zwielicht
Tief in mir

Und so erhoben wir uns
Um zu wandern
Über die Wiese
Weg vom Wald

Hinaus in die Ferne
Zum Moor
Wo ich sie ertränkte
Ohne Mühe
Im schwarzen Wasser
In der Kälte
Des Schlammes
Wo sie sich ergab
Und ihrem Schicksal fügte
Bevor sie sank
Zum Grund
Um zu faulen
In Ewigkeit

Der alte Baum oder Das Sehnen der Blätter

Das Rauschen zog kräftig durch die Krone und lockte die Blätter zu einem Tanz; auf ihrer Reise zum Grund wirkten viele von ihnen, als wären sie Schmetterlinge, die wild flatterten, aber nicht an Höhe gewinnen konnten. Die Sonne strahlte vom wolkenlosen Himmel und näherte sich langsam aber sicher dem Horizont, um die Nacht dem Mond zu überlassen, der schon deutlich zu sehen war. Der goldene Schein bedeckte alles mit einem letzten Kuss der Wärme, der aber aufgrund des kalten Windes überaus vergänglich war.

Der Baum war alt, knochig und etwas zum unweit vor ihm liegenden Abgrund geneigt. Seine Wurzeln wirkten wie Klauen, die sich im Boden verkrallt hatten, um sich dem einen oder anderen Sturm entgegenstellen zu können und nicht gleich in die Tiefe gerissen zu werden. Er war umgeben von kräftigem Gras, das rund vier Handbreit hoch und so gewachsen war, dass die Halme untereinander nahezu überall den gleichen Abstand hatten. Das ganze Bild besaß einen Hauch von Vollkommenheit.

Die welken Blätter landeten im Gras und blieben zu einem Großteil dort hängen, um in den folgenden Monaten wie jedes Jahr zu vergehen. Einige schafften es jedoch, sich immer wieder vom Wind begünstigt leicht zu erheben und sich Schritt für Schritt zum Abgrund zu kämpfen, denn dort lag das Ziel ihres Sehnens: Der losgelöste Flug in die Tiefe, hinab in die Täler und Wälder, die sich scheinbar endlos weit erstreckten. An diesem Tag bot die Natur sich selbst zusätzlich ein besonderes Schauspiel, denn Nebel füllte die Täler wie weißgraues Wasser und zog wogend wie ein flammender Fluss vorüber; von links nach rechts, durch Windungen der Berge und Hügel, an grünen Hängen vorbei immer weiter zur untergehenden Sonne hin.

Eines der Blätter erreichte noch vor den anderen die Stelle, an welcher der Boden plötzlich zahllose Meter in Form einer steinigen Wand abfiel, um dann langsam wieder in eine Wiese und danach in einen Wald überzugehen, um stetig abzufallen, sich dann zu erheben und in eines der verhüllten Täler zu sinken. Es tanzte hinfort, wie ein Vogel, der einen Wipfel gefunden hatte, um sich niederzulassen und zu ruhen. Wer Wind spielte mit dem Blatt und das Blatt mit dem Wind, ausgelassen und befreit von allen Sorgen und Ängsten. Es flog auf und ab und wirbelte grenzenlos umher, fort in ein neues Leben.

Es folgten weitere Blätter, um ihre Reise anzutreten, während die Luft zunehmend kälter wurde und die Sonne sich unaufhaltbar der Nacht näherte; sie alle trieben in eine andere Richtung und wurden im Laufe der Zeit vom Nebel empfangen, der nach und nach auch aus den höher gelegenen Wäldern stieg und schwer über den Kronen hing.

Der alte Baum freute sich über das Glück dieser Blätter, denn in ihnen schwebte ein Teil von ihm selbst hinweg in die unbekannte Freiheit …

Meereswind im Mondenschein

Die Wolken ziehen heute Nacht besonders schnell vom Meer her und verdecken immer wieder den Vollmond, um dann erneut sein Licht auf die Wiese und das Wasser fallen zu lassen. Im weißen Schein, dessen Glühen große Teile des Himmels erfüllt, kann ich in einem recht großen Umkreis die einzelnen Gräser sehen, die wogenhaft vom Wind getrieben werden und in ihrer Gesamtheit wie die aufgebrachte See wirken, die tosend gegen die Felsen am Fuße der Klippen schlägt. Ich kann das Brechen der Wellen nicht sehen, da ich zu weit vom Abgrund entfernt bin, aber ich kann die Brandung deutlich hören, denn sie übertönt stellenweise sogar den Wind, welcher hoch über mir faucht und mit seinem Rauschen das Halbdunkel erfüllt. Es hört sich wie das Wehklagen verlorener Seelen an, die aus den schwarzen Tiefen streben, um zu mir zu kommen.

Die Luft riecht wundervoll; rein, belebend und derart frisch, dass in ihr ein Geruch mitzieht, der mich aus irgendeinem Grunde an den verwässerten aber dennoch erkennbaren Hauch einer – so merkwürdig es sich nun auch anhören mag – unbekannten Frucht erinnert. Es ist wirklich sonderbar.

Ich spüre den kalten Boden unter meinen nackten Füßen und ein leichtes Frösteln auf meiner Haut, während mich der stetig stärker werdende Wind umspielt und mir in meinem Bauch ein an-

genehmes Kribbeln schenkt. Ich kann rechts ne-
ben mir meinen Schatten im Gras sehen und hier
und da den Glanz in den Tautropfen, die der Wind
noch nicht von den Halmen gerissen hat, so als
würden leuchtende Augen friedlich zu mir
heraufschauen.

Ich kann nicht sagen, wie lange ich noch hier
stehen werde, denn eigentlich kam ich nur, um
etwas frische Luft zu atmen und meinen Geist zu
beleben, um mich im Anschluss wieder meinen
Schriften zu widmen. Vielleicht sollte ich mir
aber auch einfach etwas Wein und eine Decke ho-
len, um es mir hier gemütlich zu machen und auf
den Sonnenaufgang zu warten, denn etwas innere
Entspannung ist oftmals besser als jeder Schlaf.

Teil 2

Dem Nebel
Und dem Nichts

Der Sarg im Nebelkleid

Ein fauler Sarg wird abgelassen
Von zwölf blassen Knochenhänden
Die Seile waren einmal Galgenstricke
An den Hälsen der dürren Herren

Sie tragen Anzüge in edlem Schwarz
Und einen furchtbar starren Blick
Ihre Körper sind verwittert
Und greisenhaft gekrümmt

Die Birkenzweige hängen trauervoll
Und wiegen sich im kühlen Wind
Die Blätter glänzen im leichten Regen
Und im Nebel lebt nur trüber Schein

Rotbraunes Laubwerk sinkt zum Grund
Wie Schmetterlinge nach ihrem Leben
Und der eisige Hauch der Anderswelt
Erhebt sich aus den alten Liedern

Ein Rabe setzt sich einsam nieder
Dunkel wie unter ihm der tote Baum
Er sieht wie das Holz die Erde küsst
Und sich der Tag im Abend verliert

Die Herren lassen die Seile fallen
Und wenden sich ohne Worte ab
Sie humpeln zusammen in den Wald
Und entschwinden in den grauen Schwaden

Nur der Rabe bleibt zurück
Und starrt schweigend auf den Sarg
Durch einen Spalt in die Finsternis
Aus welcher meine Trauer fließt

Er erkennt nicht meine Sehnsucht
Auch nicht meinen tiefen Schmerz
Er sitzt nur da auf seinem Zweig
Während das schlechte Wetter an Kraft gewinnt

Irgendwann wird der Nebel dichter
Undurchdringlich für meinen Blick
Der Rabe entflattert dabei ungesehen
Und lässt mich allein im Wald zurück

Die Morgenmaid

Ich sehe sie in den Wiesen
Wo Gräser und auch Blumen wehen
Wo der Wind nach ferner Sehnsucht riecht
Und Schrecken im Sonnenschein vergehen

Auch ruht sie in den Wäldern
Taubenetzt im satten Grün
Zwischen Farn und Moos so wundervoll
Wo tanzende Träume heiter erblühen

Lautlos geht sie durch das Weiß
Im knisternd klaren Wintermeer
Wo man ihr so leicht verfällt
Und sich verliert ohne Wiederkehr

Doch sie liegt auch tief begraben
Im faulen Moor unter hartem Stein
Wo sie ein trauriges Liedchen singt
Von der Qual in diesem Sein

Sie ist die kühle Morgenmaid
Die Hoffnung und ein Fluch zugleich
Eine zarte Schönheit voller Licht
Aus dem grauen Nichts im Schattenreich

Die Geburt der Stille

Frei gebrochen
Totenreich
Gedankenmacht
Im Frühlingskleid

Tage schwinden
Worte klingen
Nächte sterben
Blicke sinken

Hörner lachen
Augen weinen
Tränen werden
Zu rostigen Steinen

Denn im Wahn
Da tönt die Nacht
Wie fauler Schlamm
Im Zährenbach

Dornige Herzen
Kalt die Welt
Ein blinder Traum
Der im Licht sich quält

Sanfte Küsse
Auf bittrer Haut
Starr vom Leid
Lautlos gehaucht

Welke Rosen
Schwarzes Gras
In Deinem Geist
Ein Aderlass

Und Du ertrinkst
Im Grau der See
Denn was Du hörst
Ist die Totenmelodie

Der Friedhof im Nebel

Auf meinem Weg zum Friedhofstor
Das Herz mir plötzlich erfror
Denn zwischen all den Grabsteinreihen
Wussten Ängste zu gedeihen

Ich eilte durch das Morgengrau
Das Gras noch feucht vom Nachtzeittau
Nebelschwaden wie ein zerrissenes Gewand
Ein leises Lachen in meinem Verstand

Ich hielt inne und ich sah
Im Geist die faulen Stricke sonderbar
All die Schrecken und die Lieder
Dunkle Legenden knieten nieder

Rankenspiel auf altem Stein
Dornen küssten verwelktes Sein
Efeuzauber und trockene Rosen
Unheilvolles Herbstwindtosen

Zweige knackten bei der verfallenen Mauer
Die Hoffnung war nicht von langer Dauer
Die Äste knirschten finster und mit Hohn
Auf dem Feld blühte noch immer schwarzer Mohn

Die Bäume verloren ihr letztes Laub
Erinnerung wurde tanzend leichter Jenseitsstaub
Da erhob sich plötzlich aus dem Dunst
Das Tor rostig lockend meine Gunst

Ich zog am Eisen und Pflanzen rissen
Sie behüteten still ihr ganzes Wissen
Über diesen Ort und seine Zeit
Denn er war verflucht bis in die Ewigkeit

Ich lief hinaus auf den schiefen Pfad
Der verlassen im fahlen Schein dalag
Ich beschleunigte sofort meinen befreiten Schritt
Und floh vor meinen Ängsten mit schnellem Tritt

Nun schreibe ich hier und mein Herz
Schlägt noch immer fast bis zum Schmerz
Und auf mir weiterhin Blicke unverschwommen
Als hätte ich sie aus dem Nebel mitgenommen

Rosenwind und Sensenstahl

Ich ruhe hier im kalten Gras
Und blicke zu den Wolken
Die grau und weiß wie Fetzen
Über das Blau des Himmels ziehen

Ab und an fällt zu mir
Klarer Regen im frischen Wind
Und er küsst mich am ganzen Körper
Wie die wohlig weiche Wiese

Ich wanderte sehr lange
Und sah so viele Dinge
Die Schrecken in den Wäldern
Die Einsamkeit im fahlen Nebel

Die Zeit der Ruhe scheint gekommen
Ich schöpfe Kraft in ihrer Stille
Lasse meine Gedanken kreisen
Wie der Adler über den hohen Bergen

Ich bin wach und träume
Spüre die Leichtigkeit in mir
Während meine Hand das Schwert ergreift
Das mir treu zur Seite steht

Plötzlich treten leise Schritte
Ungesehen an mein Ohr
Und ich halte die edle Schneide
Kampfbereit und voller Zorn

Ich frage mich wer es ist
Der mir diesen Frieden raubt
Ob ich ihm gewachsen bin
Oder ob mein Ende naht

Zu lang war die Suche
Deren Wege ich verfolgte
Zu grausam war der Verlust
Vom Sinn und dem Licht der Nacht

Ich springe auf und erahne
Diesen Schauder auf meiner Haut
Doch kann ich keinen sehen
Der sich zu mir wagt

Einzig der zu Schnee gewordene Regen
Sinkt stetig weiter auf mich herab
Hier wo ich nun verloren stehe
Das Schwert fest umschlossen und zum Hieb
bereit

Ein kleiner Streich trennt mich nur
Vom warmen Schlaf im weiten Nichts
Doch die Klinge färbt sich rot
Schwarz, gelb, blau und grün

Es regnet Blätter von bunten Rosen
Von Mohn, Efeu und Bäumen im Herbst
Pusteblumensamen und noch immer Schnee
Der langsam alle Farben nimmt

Die Welt in der ich warte
Wandelt sich zur Ewigkeit
Leer, trüb und ohne Ziel
Ohne Hoffnung und verfault

Ich blicke in den Spiegel
In meine trauerschweren Augen
Auf den Schmerz der verborgen liegt
Und doch ein Teil von mir ist

Ich sehne mich nach dem Richter
Nach dem Strick und Sensenstahl
Nach Erlösung im Schoß der Erde
Und einem Lächeln im Gesicht

Meine Reise ist noch nicht vorüber
Das Heim liegt noch zu fern
Und auch wenn die Qual sich bebend zeigt
Muss ich näher hin zum Horizont

So laufe ich und laufe weiter
Auf verschlossenen Pfaden tief in mir
Wo ich immer die zarten Worte höre
Mit denen das Schwert mich zu sich lockt

Die Erkenntnis und der Wald

Riechst Du den faulen Wind
Der langsam aus den Wäldern kriecht
Siehst Du den geköpften Traum
Der am Ende Deine Hoffnung bricht

Dort im feuchten Spätherbstlaub
Ruht die dunkle Ewigkeit
Und einsame Blätter sinken still
Wie die Tränen der kühlen Morgenmaid

So atme tief und erkenne
Was dort lautlos in Dir ist
Was Deinen Geist im Wald belebt
Und Deinem Herzen bringt das Licht

Doch bist Du leer und auch blind
Und siehst nicht wohin ich gleite
Dann bleibt Dir der Grund verborgen
Der mich treibt und wegen dem ich schreibe

Staub der Ewigkeit

Nachtgefürchteter Nebeltraum
Losgelöst am Galgenbaum
Schlaff und ohne Leben
Einzig vom Rosengeflecht umgeben

Lebendig geglaubter Grabesfluch
Wie des Winters Leichentuch
Nur eine verwitterte Illusion
Fahl gesunken her vom Dornenthron

Lange Stunden haucht der Wind
Wo wir einsam still beisammen sind
Es strömen Lieder der Verlorenheit
Worte im Staub der Ewigkeit

Hoffnung im Wald

Manchmal zieht es mich magisch hin
Zu den Bäumen an den grauen Tagen
Und mir scheint als fühle ich
Ihr trauererfülltes Regenklagen

Dann denke ich still bei mir
Wie sich wohl die Riesen fühlen
Wenn der Nebel von den Bergen sinkt
Um die Herzen auszukühlen

Ich frage mich dann aber auch
An welchem Ast ein Leib schon hing
Und ob im nassen Spätherbstlaub
Ein toter Traum schon unterging

Es entflammen dabei die alten Fragen
Ob mein Weg wohl richtig ist
Denn oft ist es zu diesen Stunden
Der Schmerz der finster an mir frisst

Ich atme dann die klare Luft
Und fühle welche Kraft hier lebt
Und dass ich noch nicht gehen kann
Da die Leidenschaft tief in mir bebt

Die Hoffnung im Moor

Dort im Moor da treibt ein Leib
Den ich einst so zärtlich küsste
Es ist meine blasse Hoffnung
Die ich nun bitterlich vermisse

Damals war sie mein Begleiter
Auf den Pfaden meiner Verlorenheit
Im Meer des schweren Nebels
Am Rande meiner Zerbrechlichkeit

Von brennendem Schmerz geleitet
Schwinden nun die leeren Tage
Die Nächte klingen sternenrein
Wie die Lieder aus dem Sarge

In mir lebt die Traurigkeit
Berührt von stillen Tränen
Doch hüte ich sie voller Stolz
Denn ich werde mich ewig danach sehnen

Hoffnung aus Stein

Ich schlage eine Hoffnung
Aus kaltem, hartem Stein
Denn sie wäre dieser eine Sinn
In meinem leeren Sein

Einsamkeit im Hammerschlag
Worte aus der Geisterwelt
Der Moment soll mich regieren
Da nur dieser wirklich zählt

Doch die Stimmen aus dem Stein
Wissen nichts von meinem Leid
Sie wissen nicht wie lange schon
Ich mich quäle durch die Zeit

So lege ich mich schweigend nieder
In den tiefen, feuchten Schlund
Und lasse mich sogleich begraben
Mit einem Lächeln auf dem Mund

Das Lied der Abendglocken

Höre
Höre in den Wald
Wo sie klingen
Wo die Glocken schlagen
Die Glocken aus Eisen
Rost
Und Leid
Wie sie die Nacht verkünden
Und Dein Herz umhüllen
Wie sie die Schwingen erwecken
Sie locken
Aus den Schatten
Aus dem Laub
Aus dem feuchten Herbst
Am Grund
Aus den Feuern heraus
Die in den Bergen sind
Die lodern
Glimmen
Und schreien
Die verführerisch raunen
Leiten
In die Nebel
Wo die Morgenmaid ruht
Mit Tau
Auf ihrer blassen Haut
Makellos
Kühl
Und rein

Im Angesicht
Der Schrecken
Die ihre Klauen heben
Deren Blicke ungesehen sind
Die Dich erahnen
Die älter sind
Älter als das Moor
Der Wald
Die Bäume
Und die Farne
Älter als die Irrlichter
Und die Flammen
Am Horizont
Denn wo die Glocken tönen
Wo sie Pfade singen
Dort liegt das Nichts
Die leere Verdammnis
Der Fluch
Aus Qual
Faulende Träume
Verwitternde Schönheit
Im Sein
Gebrochene Hoffnung
Und Wahnsinn
In Stein geschlagene Legenden
Der Tod
Und das Ende
Des Friedens
In Dir
Deine Stummheit
Und das blinde Grauen
Nur dort

Wo die Glocken sind
Wo sie die Nacht zerbrechen
Durchziehen
Und ewig machen
Wo die Schläge Unheil sind
Im Laut
Im Klang
Im Lied der Abendglocken

Jenseits der Hängebrücke

Einst träumte ich mich weit hinfort
Weg von hier an einen einsamen Ort
Wo ich Ruhe und auch Glück erkannte
Und all den Schmerz aus mir verbannte
Ich brach innerlich auf zu neuen Dingen
Sanft getragen von glänzenden Sonnenschwingen
Über Wiesen, Hügel und goldene Felder
Durch sanften Nebel, Farn und grüne Wälder

Das Holz der alten Hängebrücke sang
In ihm die leise Hoffnung klang
Als ich lief und die Tiefe sah
Die so bodenlos wie meine Gedanken war
Ich sah nur schwere Schwaden ohne Grund
Unter mir im grauen Schlund
Links und rechts Berge voller Grün
Wo im Sommer sicher Blumen blühen
Über mir ein blaues Himmelszelt
Gleich dem Meer jenseits der Welt

Getragen wurde ich von leichtem Glück
Fort zum Ende Stück für Stück
Wo mich bereits die Möwen riefen
Und noch meine Wünsche schliefen

Irgendwann betrat ich festes Land
Und reichte ihm geistig die Hand
Schaute mich dort erleichtert um
Innerlich ruhig und völlig stumm

Ich sah in der Ferne den Ozean
Beinahe gefangen in freudigem Wahn
Auch Bäume und Blüten in allen Farben
Die auf der Wiese um meine Blicke warben

Ich rannte los und immer weiter
Durch weiches Gras und lächelte heiter
Bis ich außer Atem war
Und fühlte mich dabei frei und wunderbar
Ich ließ mich erschöpft nach hinten fallen
Um meine Hände im kühlen Boden zu verkrallen
Schaute zu den kleinen Wolken hoch dort oben
Während noch immer Blütenblätter munter
stoben
Und begrüßte die Sonne in meinem Leben
Denn sie wusste mir Wärme an das Herz zu
geben
Ich atmete tief und roch den Duft
Von zahllosen Zaubereien in der Luft
Auf meiner Haut die leichte Brise
In meinen Ohren das Rauschen der satten Wiese

So lag ich dort und schloss die Augen
Um die Stimmung einzusaugen
Um mich ewig in den Glanz zu kleiden
Und niemals wieder kalt zu leiden

Irgendwann entschlief ich leise
Hier am Ende meiner kleinen Reise
Ich stieg vogelgleich auf im reinen Wind
Der mich dahin trug wo Schmerzen sind

Es war eine tosende Gewitternacht
Mit Sturm, Blitz und Regenmacht
In meinem Blick lagen Tränen
Und ich begann mich wieder schnell zu sehnen
Nach dem Ort so fern von hier
Wo ich mich stetig gern verlier'
Wo das Chaos nur als Erinnerung verbleibt
Und der Wind selbst diese irgendwann vertreibt

Klipper klapper

Klipper klapper
Schlaffer Leib
Klipper klapper
Tief im Wald
Klipper klapper
Schreckenstanz
Klipper klapper
Im Verstand
Klipper klapper
Wolfsgeheul
Klipper klapper
Totentreu
Klipper klapper
Im Schein vom Mond
Klipper klapper
Zur Geisterstund'
Klipper klapper
Hinter Dir
Klipper klapper
Angstgewirr
Klipper klapper
Du bist allein
Klipper klapper
Und Du weinst
Klipper klapper
Wie ein Kind
Klipper klapper
Als er zu Dir springt
Klipper klapper

Dein Mut zerbricht
Klipper klapper
Als er Dich erwischt
Klipper klapper
Alles wird schwarz
Klipper klapper
Es bleibt der Schmerz
Klipper klapper
Und Du fällst
Klipper klapper
Aus der Welt
Klipper klapper
Knochengriff
Klipper klapper
Befreit er Dich
Klipper klapper
Du bist tot
Klipper klapper
Und er thront
Klipper klapper
Auf Deinem Gebein
Klipper klapper
Ewig rein

Die Stimmen aus dem tiefen Wald

Etwas hängt im tiefen Wald
Leblos blass und totenkalt
Es flüstert mir gar leise zu:
„Komm heran und finde Ruh'"

Ich blicke in die dunklen Kronen
Wo die geköpften Träume wohnen
Und fühle zugleich den Morgenwind
In welchem Nebelschwaden sind

„So trete heran mit Deinem Strick
Den Knoten gelegt an Dein Genick
Komm zu uns in die alte Zeit
Denn die Hoffnung ist für Dich zu weit"

Ich sehe in das feuchte Gras
Herbstlich satt mit Tau wie Glas
Meine Gedanken wandern in das Erdenreich
Hinab zum Moos das liegt so weich

„Erklimme schnell den Knochenast
Bevor Dich das wahre Grauen fasst
Entfliehe lieber diesen Weiten
Die nachts Dämonen zu Dir leiten"

Doch mein Griff löst sich leicht
Ehe der Strick meinen Hals erreicht
Das nasse Seil entgleitet mir
Bevor am Baum ich mich verlier'

Ich schreite hinfort zum fernen Feld
Und verlasse diese Schauderwelt
Denn kein Trug soll mich verführen
Wenn Trauer und Verzweiflung mich berühren

In den Gräbern am Waldesrand

Seit Tagen liege ich
Hier in der Einsamkeit
In der fahlen Stille
Welche die Grablöcher umgibt

Der beißend raue Gestank
Raubt mir meinen Atem
Und der graue Rauch
Nimmt mir die Sicht

Irgendwo hinter den Feldern
Liegen die dunkelgrünen Wälder
Von deren Bergen herab
Die Schauder zu mir fließen

Sie kriechen ohne einen Laut
Durch den Nebel dieser Zeit
Wo ich den Regen trinke
Der das Erdreich stetig füllt

Der Gesang der Vögel
Ist nur ein ferner Traum
Und all die sanften Wogen
Verlieren sich im Nichts

Ich möchte mich verstecken
In den Schatten dieses Grauens
Doch ist mir das Grab zu klein
Und mein Leib viel zu schwach

Die Sonne strahlt im halben Tod
Jenseits dieser trüben Schleier
Und fern ist meine Hoffnung
Stück für Stück in jedem Sarg

Ich fülle meine blassen Hände
Beinahe taub mit hartem Stein
Und ich kämpfe mit der Verzweiflung
Die sich um meine Lunge schnürt

Der Stein schneidet meine Haut
Bevor ich ihn ins Verderben gebe
Und ihn so weit ich kann
In die Geisterschwaden werfe

Es folgt kein Ton
Und ich bleibe blind
Während ich erkennen muss
Dass die Verdammnis alles überzieht

Und so wird alles schwarz
Als die Nacht die Pforte wird
Und ich lehne mich erschöpft zurück
Um glücklos meinen Schlaf zu finden

Die drei Bäume

Auf einem Feld im Schnee
Stehen drei alte Bäume
Deren Zweige sich leicht bewegen
Im Frostwind dieses Morgens

An einem hängt die Hoffnung
Blass und völlig starr
Mit schwarzen, langen Haaren
Und einem zarten Leib

An einem hängt die Angst
Das greisenhafte Baby
Mit verwelktem Leben
Und blinden, trüben Augen

Am letzten Baum ruht die Sense
Von kunstfertiger Hand edel geformt
Gemacht für den letzten Hieb
Für die Erlösung meiner selbst

So stehen die drei alten Bäume
Ewig blattlos und verkrümmt
Während sie einzig darauf warten
Dass mein Weg zu ihnen führt

In meinem Sarg

Ich liege hier in meinem Sarg
Und singe meine dunklen Lieder
Ich blicke in die kalte Schwärze
Die mich überall durchdringt

Ich stelle mir die Vögel vor
Die hoch über mir heiter zwitschern
Auf meinem verwitterten Grabstein sitzen
Um sich vom vergangenen Regen zu befreien

In meinen Gedanken fliege ich mit ihnen
Weg von den trockenen Ranken
Weg vom alten Friedhof
Fort in die Wiesen und zum Meer

Ich frage mich schon viele Nächte
Wie lange ich noch faulen werde
Wie lange ich noch leiden muss
Und wann ich endlich Ruhe finde

So liege ich weiterhin in meinem Sarg
Singe und träume und sehne
Denn ich möchte wie ein Vogel sein
Frei und voller Leben

Teil 3

Lieder, Wunden, Traurigkeit

Kraft der Nacht

Ich ruhe wieder teilnahmslos
Fern des Lichtes dieser Welt
Losgelöst am dunklen Ort
Wo Einsamkeit mich brennend quält
Ich blicke in die trüben Nebelweiten
Und nachts empor zum Himmelszelt
Ich leite das Salz meiner bittren Tränen
In den kalten Regen der hier stetig fällt

Ich suche noch immer nach meinem Sinn
Und stelle mir wieder diese Fragen
Beschreite die Pfade meiner schweren Seele
Während Selbstzweifel mich bebend plagen
Ich könnte aus der Schwärze flüchten
Den letzten Schritt am Abgrund wagen
Doch die Angst vor neuem Leid
Lässt das Chaos mich hier ertragen

So erkenne ich mit Verzweiflung
Was die Dunkelheit mir hat gebracht
Wovor ich mich schon lange fürchte
Und woran ich oft habe gedacht
Schleichend und gar grenzenlos
Zeigt sich mir die finstre Macht
Und schenkt mir einen alten Fluch
Die Hoffnungslosigkeit und die Kraft der Nacht

Das Ende der Reise

Ich schreite über Wiesen
Im Schein der Morgensonne
Spüre den kühlen Tau
Und atme die reine Luft

Ich breche auf zu neuen Dingen
Mit Träumen tief in meinem Herzen
Lasse das Chaos weit zurück
Um den Schmerz zu vergessen

Ich möchte leben und auch hoffen
Frei von diesem Sturm
Doch halte ich den Strick
Für das Ende meiner Reise

Einsam im Nebel

Ich fühle mich leicht
Losgelöst wie Staub
Getrennt von meinem Leib
Und die Gefühle völlig taub

Ich sehe und ich atme
Ich rieche und ich höre
Doch bin ich nicht in dieser Welt
Nur im Klang der Jenseitschöre

Meinem Herzen entrinnt kein Lächeln
Meinen Augen keine Träne
Und ich kann nicht sagen was mich treibt
Und was es ist wonach ich sehne

Im Schmerz der Leere treibe ich
Gefangen in meinen Gedanken
Gekettet an Erinnerungen
Verhüllt von faulen Ranken

So lausche ich dem kalten Regen
Der da meinen Namen spricht
Und irre einsam durch das Nirgendwo
Im Nebel wo mein Sein erlischt

Wir im Wind

Wir stehen auf dem Felsen
Und blicken hinaus auf das Meer
Wir halten uns an den Händen
Vergangenheit ohne Wiederkehr

Ich sehe ihre Haare wehen
Schwarze Seide im frischen Wind
Und ich blicke in ihre Augen
Wo tief im Dunkel die Träume sind

Ihr Lächeln streichelt sanft mein Herz
Wie ich ihre kühle, blasse Haut
Unsere Blicke sprechen Bände
Doch unseren Kehlen entrinnt kein Laut

Zweisam ruhen wir in dieser Welt
Die einzig uns zu Füßen liegt
Und wir wissen, dass wir ewig werden
Wenn Hoffnung über Kummer siegt

Doch Einsamkeit ist mein Schmerz
Sie zerfrisst mir den Verstand
Und ich bin ausweglos verloren
Denn nur der Tod reicht mir die Hand

Sensenstahl

Höre den Klang am Quell
Im Wald
In den grünen Bergen
Bestaune den Tau
Am Morgen
Auf dem Farn
Und fühle das Moos
Unter Deinen nackten Füßen
Lies ein Buch
Oder schreibe Gedichte
Blicke in den Himmel
Und träume Dich hinfort
Male ein Bild
Oder schnitze eine Figur
Baue einen kleinen Turm
Aus Muscheln
Und feuchtem Sand
Irgendwo am Meer
Und atme die reine Luft
Lausche den Möwen
Und dem Wind
Oder forme Ton
Kunstvoll oder einfach
Versuche es
Egal wie es wirkt
Denn es soll Freude sein
Wenn Du gestaltest
Wenn Du schöpferisch bist
Und wenn jemand lacht

So höre nicht hin
Genieße es
Genieße Dich
Denn es interessiert niemanden
Wenn Dich der Sensenstahl ereilt

Die Liebe der Traurigkeit

Wenn die lockend kalte Dunkelheit
Schleichend in das Grau des Nebels zieht
Und in meinen Augen das Herbstlaub glänzt
So ist es die Traurigkeit, die mich innig liebt

Kleine Blume

Kleine Blume steht im Frost
Wiegt sich sanft im kalten Wind
Blickt verloren hoch zum Himmel
Küsst dabei den Sonnenschein

Nimmt einen Hauch von Wärme auf
Lächelt hoffend zu den Wolken
Sah so viele schon vergehen
Fallen und verwelken

Doch die Nacht mit Tausend Sternen
Bitter, schwarz in tiefer Stille
Entreißt der Blume das zarte Licht
Und lässt sie einsam dort erfrieren

Grablied

Ich spüre sie so tief in mir
Diese eisig klare Kraft
Die meine Lunge tief erfüllt
Und meine Augen leblos macht

Wolken gleiten sanft vorüber
Sonnenspiel und Schattentanz
Doch mein Herz verliert sich leer
Im steinern kalten Nachtwindschwarz

Der Hexer lächelt still zu mir
Hinab in den dunklen Grabesschlund
Und schenkt mir einen Galgenstrick
Geknüpft mit reiner alter Kunst

Bäume rauschen alte Lieder
Vergänglichkeit im Nebelkleid
Die Gräser flüstern Trauerverse
Der Morgentau wird Quell des Seins

Das faule Holz verhüllt mich leicht
Es raubt mir den verträumten Blick
Der Sarg umarmt mich zart und fest
Während Ruhe sanft zum Boden sinkt

Und so entschwindet dann die Qual
Schmerzen die sonst nicht vergehen
Denn mein Körper wird zu Staub
Während die Wolken vorüberziehen

An den Strick

Oh, mein schöner fester Strick
Dich zu finden war mein Glück
Ich Dich nur um eines bitt'
Nimm mich aus dem Leben mit

Möchte mich hin Dir geben
Mit Dir allein zum Tode streben
Möchte schweigen und nicht reden
Nur verlassen dieses Leben

Halte bitte fest zu mir
Mein Vertrauen schenk ich Dir
Führe mich weit weg von hier
Sobald ich Deine Schlinge zier'

Das Ende der Qual

Aus einem Chaos spricht zu mir
Mit leisen Worten meine Angst
Sie flüstert zu meiner Einsamkeit
Zu dieser Leere tief in mir

Ich fühle mich losgelöst
Sinnlos und doch geborgen
Ich möchte weinen und schreien
Und den stillen Schmerz vertreiben

Ich höre alte Lieder klingen
Flüche aus der Vergangenheit
Hinein in das Dunkel meines Herzens
Hinab in das Grab der Träume

So knie ich nieder voller Ehre
Erfüllt von Trauer und von Stolz
Und erwarte den Hieb mit sanfter Freude
Denn die Qual ist nun vorbei

Gedankenkreis

Leer der Himmel
Leer mein Leben
Leer der Geist
Leer mein Streben

Wo wirkt die Kraft
Wo wirkt das Licht
Wo liegt die Hoffnung
Wo bin ich nicht

Fragen brennen
Fragen klingen
Fragen wüten
Fragen singen

Heiterkeit Du ferner Traum
Heiterkeit Du bist doch tot
Heiterkeit im Nebelreich
Heiterkeit verblasst in Not

So sterbe ich
So vergeht die Zeit
So erwacht die Leere
So lebt mein Leid

Vergessenheit

Bodenlos ist mein steter Fall
In die Tiefe dieser schwarzen Leere
In den Nebel der Verlorenheit
Gegen den ich mich erwehre

Ich fühle nur den stumpfen Schmerz
Lautlos dornig kalt in mir
Und blicke tote Wünsche faulen
Denn Du bist so fern von hier

Hoffnung, Du, mein warmes Licht
Hast ohne Worte mich verlassen
Und nun muss ich leidend sehen
Wie Glück und Zauber in mir verblassen

So sterbe ich mit jedem Tag
Ein kleines Stück mehr aus der Zeit
Und frage mich wie es wohl ist
In den Armen der Vergessenheit

Anmut der Hoffnung und Erinnerung

Einsam in diesem alten Raum
Steht sie verloren wie in einem Traum
Jenseits vom warmen Sommerlicht
Mit einem Lächeln im Gesicht
Neben ihr ein schwerer Sarg
Dunkel, schimmernd und völlig karg
Welkes Rosenwerk und der Staub der Zeit
Bilden zerbrechlich dieses Trauerkleid

Ihre Haut ist blass wie ein Hauch aus Mond
Während in ihren Augen ein Nachtglanz wohnt
Ihr schwarzes Haar ist glatt und lang
Wie gemacht für einen festen Strang
Ihr schlanker Leib ist voller Sinnlichkeit
Die sich auch im sanften Duft zaubernd befreit

In meinem Bauch wogt ein Federmeer
Und ich gleite dahin ohne Wiederkehr
In ihrem Blick, in ihrem Schein
Denn ich möchte nur noch bei ihr Sein
So schreite ich zu ihr wie auf Wolken
Die dem kühlen Wind der Sehnsucht folgen
Über die Stufen aus altem Stein
In den inneren Morgen, frisch und rein

Ich trete an sie heran und umarme sie
Fühle mich geborgen wie noch nie
Spüre ihre zarten Lippen auf den meinen
Vertraut als diese sich vereinen

Und eine Ahnung, ungreifbar leicht
Entzückt mein Herz so unerreicht

So stehen wir während alles vergeht
Und die Brise all unseren Schmerz verweht
Ein Tanz am Meer zur Wahrheit hin
Durch die Erinnerung fort zu meinem Sinn
Denn fest umschlungen und geliebt
Weiß ich, dass es Hoffnung gibt

Sonnenfinsternis

Kein Sonnenaufgang
Kein Naturschauspiel der Schönheit
Nichts vermag sie zu vernichten
Die lauernde Dunkelheit
Sie wird nur unterdrückt
Um dann hervorzubrechen

Immer wieder

Dinge kehren wieder
Ohne erkennbaren Grund
Sie hauchen mir ferne Lieder
In so mancher stillen Stund'

Träume der Verzweiflung
Wünsche aus tiefer Qual
Losgelöst entsteigt mein Geist
Den Fesseln im warmen Sonnental

Ich nehme einen neuen Mund
Vom lieblich bittren Wein
Er rinnt hinab in meinen Schlund
Denn ich bin und bleib allein

Gefangen in meinem Reich
Fern der Erträglichkeit
Trauerschwer und depressiv
Einmal und in Ewigkeit

Ich könnte heißer schreien
Damit der Schmerz endlich vergeht
Doch selbst dann wird er gedeihen
Während der Frieden im Wind verweht

Nichtigkeit ist mein Wasser
Verlorenheit ist mein Brot
Und die Tränen sind die wahren Küsse
Die mich berühren in der Not

Der stumpfe Sturm

Getrieben werde ich
Einmal mehr von den Gedanken
Von dem Sturm der Fragen
Die sich um meine Seele ranken

Ich möchte schreien
Mich kratzen und verletzen
Ich denke immer wieder drüber nach
Ohne dem Chaos ein Ende zu setzen

Stumpf tobt in mir dieser Sturm
Diese Stimme laut und klar
Sie erzählt von meiner Nichtigkeit
Dem was kommt und dem was war

Mein Ende

Sanft liegst Du an meinem Hals
Oh schöner, fester Strick
Nun breche nur mit einem Ruck
Entzwei mein Genick

Oder trenne mir den Schädel
Schnell von meinem Rumpfe ab
Auf dass der ewige Seelenkampf
Ein Ende gefunden hat

Entferne das Leben aus mir
Lasse mich gehen von Erden
Denn nur durch meine Hand
Möchte ich in Ruhe sterben

Den letzten Schritt gehen
Möchte ich nur mit Dir
Klassisch und endgültig
So wünsche ich es mir

Verzaubere mich zu Fleisch
Kalt, starr und ohne Leben
Befreie meine Seele
Mein Leib soll frei sie geben

Immer wieder dunkle Gedanken
Immer wieder eine Wende
Doch hoffentlich finde ich den Frieden
Irgendwo dort in meinem Ende

Eine Szene im Nichts

Allein bin ich verloren
Und höre nur des Frühlings Klagelied
Während grau und ohne Gnade
Mein Herz mit dem Nebel zieht

Es tönen alte Legendenlieder
Einsam gewispert in rauer Nacht
Und ich fühle nur den Schmerz in mir
Mit seiner moorwindgleichen Herbstlaubpracht

Feuerzungen laben sich
Zerfressen unaufhaltsam mein blindes Sein
Ich sehe nur das Dornentor
Im knochenblassen Mondenschein

Nebelstimmen winden sich
Wie ein Strick um meinen Geist
Welcher losgelöst und abgestorben
Irgendwo im Schatten reist

Ein einsamer Hauch aus Schwarz
Regiert abgrundtief in mir
Ein fahler Hoffnungsschimmer doch
Hält meine Hülle weiter hier

Chaos erfüllt mein Gedankenleben
Hinter dem Trug jenseits des Lichts
Und ich stehe weiterhin verloren
In dieser Szene hier im Nichts

Licht der Hoffnung

Die Trauer starb in meinen Worten
Für einen kurzen Augenblick
Doch drang sie wieder still zu mir
Mit ihrem kalten Gedankenstrick

Ewiglich verdammtes Nichts
Steter Kampf meiner Gefühle
Das Licht der Hoffnung ist verborgen
Im faulen Schlamm in dem ich wühle

Ich grabe tief und grabe weiter
Mit dem Wunsch es zu finden
Doch der Boden wird sich schließen
Und sich eisig um mich winden

Dann liege ich dort unten starr
Im schwarzen Moor der Ewigkeit
Nur einen Hauch vom Licht entfernt
Doch dieses ist für mich zu weit

Friedlich sterben

Ich laufe durch den kühlen Wind
Der den Regen mit sich treibt
Und fühle an meinen Händen
Die weichen Ähren feucht und kalt

Ich streife durch die weiten Hügel
Deren Ende im Nebel fern dort liegt
Und genieße rein die frische Luft
Die vom Meer her salzig zu mir zieht

Die Welt wirkt für mich satter
Tot und doch voller Leben
Wenn das Wasser Blatt und Gräser küsst
Und Zauber in den Kronen wehen

Ich lausche diesen süßen Worten
Voller Hoffnung und verträumt
Während ich die Natur beschreite
Im Herzen wahrlich zart erfreut

Mein Weg führt mich in die Wälder
In das lichtlose Reich der Berge
Wo ich am tiefen See lächelnd ruhe
Die Augen schließe und friedlich sterbe

Schreie im Nichts

Ich frage mich woran es liegt
Und was mich oftmals dazu bringt
Mich aus dem Glück heraus zu sehnen
Dass mein Herz mit Tränen ringt

Ist es die Sehnsucht nach meinem Selbst
Ist es der Wunsch nach innerer Nacht
Oder ist es die mich küssende Kunst
Die dann brennend in mir erwacht

Ich suche ohne Ziel
Weiß nicht was das Leben ist
Ob der Schmerz als Erlösung
Mir still an der Seele frisst

Suche ich nach Traurigkeit
Nach dem Quell meiner Qual
Irre ich in meinen Träumen
Die da liegen kalt und fahl

Mein Denken findet keine Ruhe
Worte wie ein Regensturm
Ohne Halt und ohne Sinn
Trauerschwer im Dornenturm

So bin ich hier und doch nicht
Verloren bis in die Ewigkeit
Während ich meinen Sinn noch suche
Und meine Seele im grauen Nichts aufschreit

Meer der Tausend Wunden

Ohne Regung weile ich
Und blicke wie die Zeit vergeht
Gedankenverloren in meiner Einsamkeit
Die im kalten Wind der Trauer zieht

Ich stieg auf hohe Berge
Und schaute über bunte Wolken
Ich stürzte in die tiefen Schatten
Die mir noch immer lautlos folgen

Die Erinnerung ist ein zarter Trost
Ein Lächeln der gerechte Lohn
Doch das Leben quält mich weiterhin
Voller Lust und voller Hohn

So treibe ich frei und ohne Ruhe
Auf dem Meer aus Tausend Wunden
Küsse innig meinen alten Schmerz
Und sehne mich nach den letzten Stunden

Das Mondlicht

An so manchem Sonnentag
Entgleitet unruhig mir mein Geist
Wenn er in die Schatten zieht
Und zur Traurigkeit hin reist

Ich frage mich dann angestrengt
Weshalb es mir so ergeht
Und warum selbst zu schöner Zeit
Ein schwerer Sturm in mir weht

So stehe ich verloren
An jenem dunklen kalten Ort
Einsam und gefangen
Ruht auch meine Hoffnung dort

Ich fühle meinen stumpfen Schmerz
Wie dieser trocken in mir bebt
Und wie dabei so manche Träne
An die Oberfläche strebt

Ich suche Glück in der Wärme
Welche die Sonne mir heiter schenkt
Doch finde ich nur das weite Nichts
Das mein Herz stets zu sich lenkt

Dann wünsche ich mir die Nacht herbei
Mit ihrem strahlend weißen Mond
Denn in ihr liegt der Frieden
Der behütend über allem thront

Und so warte ich im Nebel
Der mein Wesen fahl erfüllt
Bis sich mir das ersehnte Mondlicht zeigt
Und mich liebevoll umhüllt

Siegel der Träumerei

Ich schlage Holz dort tief im Wald
Für ein Bett schöner Gestalt
Ein kaltes Loch hoch in den Bergen
Grub ich schon für mein Verderben

Ich atme schwer im Nebeldunst
Im Flammenreich der kalten Zeit
Säge langsam Brett für Brett
Für die liebevolle Ewigkeit

Aus Ästen schnitze ich mir Nägel
Als Siegel für meine Träumerei
Für Ruhe in der steten Schwärze
Denn mein Leid ist bald vorbei

Ich lege mich am Abend frierend nieder
Hülle mich in den Klang der alten Lieder
Und entschlafe im erdig frischen Grab
Friedlich lächelnd in meinem Sarg

Die Rückkehr

Das Chaos ergötzt sich an meinem Leid
Es tanzt und lacht und weint und schreit
Es bebt trocken, es sticht so dornenklar
Und lockt kunstvoll hervor die Tränenschar
Die Qual zerstört meiner Seele Glück
Liebes Chaos – willkommen zurück

Teil 4

... und die Sehnsucht treibt mich weiter ...

Gedankenwein

Wein
Du Freude
Du Fluch
Küsst meine Zunge
Spülst meine Kehle
Füllst meinen Geist
Schenkst Ruhe
Frieden
Und Glückseligkeit
Oder Gedanken
Finster wie die Nacht
Zweifel
Und Fragen
Ängste
Und Schrecken
Tränen
Und Schmerz
Jeder Schluck
Ist ein Teil
Vom Spiel
Losgelöst
Von Wünschen
Und der Hoffnung
Nur ich
Und das Glas

Tanz der Vogelfeder

Vogelfeder frei vom Leid
Tanzt losgelöst im Schein der Zeit
Sinkt vom Baum so grün und groß
Sanft hinab zum weichen Moos
Legt sich dort ganz friedlich nieder
Bis ich sie greife und erhebe wieder
Freue mich über ihren Tanz
Über die Anmut in ihrem Glanz
Trage sie an die Klippen am weiten Meer
Zu den Wassern ohne Wiederkehr
Lasse sie dort in die Tiefe sinken
Und vom Wein der Freiheit trinken
Schaue ihr zu wie sie schwimmt
Und eine Woge sie in die Arme nimmt
Sie gleitet langsam in die Ferne
Ich würde ihr folgen wahrlich gerne
So nimmt der Tag seinen Lauf in der Stille
Denn es ist des Mondes Wille
Die Sonne vergeht in der Glut an diesem Abend
Sich am lodernden Wolkenreich erlabend
Winke der Feder ein letztes Mal
Und verschwinde im Nebel der sich hebt so fahl
Denke auch heute noch an diesen Tag
Und an die Feder, die ich im Herzen trag'

Reigen der Nacht I:
Der Mond über den Feldern

Der Mond
Über den Feldern
Groß
Voll
In Rot
Und Gelb gehaucht
Ein Bild des Zaubers
Im klaren Wind
Im Hauch
Der Zufriedenheit
In welchem Wolken ziehen
Und ihr Spiel treiben
Den Nachthirten verhüllen
Und offenbaren
In der Wärme
Der angenehmen Brise
Dieser Stunde
In der Dunkelheit
Ein Kuss
An mein Herz
Ein Lächeln
Aus dem Nichts
Ungesehen
Und doch gefühlt

So stehe ich
Und weile
Staune

Über die Magie
Die Zuneigung
Der Natur
Und trinke
Die Eindrücke
In den alten Liedern
Die ertönen
Tief in mir
Und im Klingen
Der Sterne
Bis die Nacht vergeht
Im Licht
Des neuen Tages

Die nebeligen Auenweiten

In den nebeligen Auenweiten
Zwischen kalten Wassern und kahlen Wäldern
Wandert meine losgelöste Phantasie
Durch feuchtes Laub und nasses Gras

Ich sehe die blätterlosen Kronen
Das Sumpfland und die satten Wiesen
Im fahlen Schein des grauen Tages
In der schönen Stille dieser Einsamkeit

Der Wind zieht frisch über das Land
Und verkündet den ersten Winterfrost
In dieser schweigenden Verlorenheit
In der ich nur atme und betrachte

Des Windes Tanz

Tanze, oh tanze,
Tanze sanfter Wind
Tanze nur mit mir
Tanze hier am Waldesrand

Teil der Ewigkeit

Spüre den Hauch
Die sanfte Berührung
Den zarten Kuss
Und den lieblichen Schauder
Tief in Deinem Herzen
Fern der Worte
Jenseits des Wissens

Fühle die Ewigkeit
Und Du wirst ein Teil von ihr

Der Frieden im Schattenlicht

Ich erblickte einst im Grase Bäume
Im Dreieck dort am Wegesrand
Im Schattenlicht eines Sonnentages
Wo ich einsam und verloren stand

Plötzlich fühlte ich die Wärme
Tiefe Ruhe und Zufriedenheit
Geschenkt von diesem grünen Fleck
Als wäre er mit Glück geweiht

Ich wandte mich kurz ab
Und das Gefühl verschwand
Doch schaute ich danach erneut
Und es trat wieder an meinen Verstand

So sah ich den Frieden unsichtbar
An diesem Tage zu mir streben
Ich konnte ihn jedoch nicht greifen
Und kein Gott kann ihn mir geben

Reigen der Nacht II:
Mitternachtsruine

Die alten Steine
Im fahlen Mondenschein
Sie ruhen
Seit zahllosen Jahren
Überwuchert von Efeu
Rosen
Und Rankenwerk
Benetzt
Vom Tau
Berührt
Vom Nebelhauch
Dem leichten Tuch
Der Träume
Und den Wünschen
Der Ewigkeit

Eine einsame Birke
Wächst im Gras
Im Innenhof
Und blickt zu den Mauern
Die so vieles sahen
Und Gedanken in sich tragen
Schweigend
Geschichten
Und Legenden
Reime
Glückvoller Stille
Getaucht

In Phantasie
Und den Kristallschein
Der wartenden Sonne

Aus den Wäldern ziehen Düfte
Rein und süß
Wie von zahllosen Blüten
Betörend bunt
Und zerbrechlich
Gemacht
Für den Moment
Den Zauber
Des Fühlens
Des Erkennens
Der Lieder
In den Blättern
Des Baumes
Wo der Wind zärtlich küsst
Liebkost
Und schwebt
In die Umarmung
Der Mitternachtsruine

In den Morgenstunden

Ich erwachte in den Morgenstunden
Nachdem ich in den Schlaf gesunken
Auf einer Lichtung tief im Wald
Von der Reise erschöpft und alt

Doch mit wundersamer Macht
Hat der Tau mich wieder jung gemacht
Mir Angst und jeden Schmerz genommen
Und mich auf mein Selbst besonnen

Ich liege da und blicke Bäume
Hirten all der ewigen Träume
Berühre Gräser, atme Duft
Fühle die Reinheit der frischen Luft

So verweile ich noch einige Zeit
Bis die Sonne sich befreit
Aus den grauen Nebelfängen
Um sich leuchtend an mein Herz zu drängen

Flamme und Schmetterling

Ein Schmetterling entschlief
Und wurde zu einer Flamme
Deren warmes Licht
Nun mein Inneres erfüllt

Kleiner dicker Spatz

Spätsommermorgen
Glückvolles Licht
Blau strahlender Himmel
Wärme auf dem Gesicht

Reine Luft
Frischer Wind
Endlose Freiheit
Im Herzen ein Kind

Stehe im Bach
Höre Wasser klingen
Kalt an meiner Haut
Und Vögel singen

Blumen heben die Köpfe
Ehren den goldenen Glanz
Schmetterlinge flattern
Bunter Freudentanz

Ein kleiner dicker Spatz
Still auf einem Stein
Das Gefieder nass
Trocknet dort im Sonnenschein

Die Libelle

Die Anmut saß im Gras
Bunt mit verbrannten Flügeln
Einst zart und so zerbrechlich
Nun gezeichnet und nahe dem Tod

Ihr Körper ist nur noch ein Zucken
Vereinzelt und ohne Sinn
Der Lebenshauch entweicht
Langsam in meinem Blick

Sie schaut mich schweigend an
Und tritt damit sanft an mein Herz
Und ich erkenne ihren Wunsch
Sie endlich zu befreien

So nehme ich einen Stock
Und zerdrücke sie mit einem Ruck
Erlöse sie von ihrem Leid
Denn das Leben hat kein Ziel

Zu weit war sie gegangen
Verfallen dem trügerischen Licht
Der Kerze stilles Opfer
Geblendet von der warmen Zauberei

Doch nun kann sie wieder fliegen
Hinweg in ihre Träume
In die Weiten ihrer Ewigkeit
In den Frieden den sie verdient

Reigen der Nacht III:
Nachthymne

Im Nachtreich
Tanzen Träume
Aus dem Glanz
Im Tau
Hinauf
Zum Mond
Hinweg
In die Ewigkeit
Der Sterne
In die Geschichten
Der Freude
Am Lagerfeuer
In die Glut
Die sich erhebt
Und zieht
Im Wind
Wie Glühwürmchen
In einem Meer
Aus Rosen
Und Flieder
Welches Hoffnung birgt
Jenseits aller Fragen
Wo ein Lied ertönt
Alt und weise

Ein sanfter Hauch wispert
Ungesehen
Hoch oben

In den Kronen
Der Bäume
Und belebt
Die Stimmung
In der Tiefe
Ihrer Reinheit
Im Hain
Am stillen See
Im Spiegel
Des Nachthirten
Am Wasser
Endlos klar
Kraftvoll
Und belebend
Mit jedem Schluck
Mit jeder Berührung
Ein Schritt
Zum Horizont
In die Wiesen
Und die kühlen Hügel
Wo es rauscht
Und zieht
Mit den Wolken
Vom Meer
Ins Land
Das eine Lied
Die Hymne
Auf die Nacht

Das Glück am Morgensee

Der Nebel steigt aus dem See
Aus dem graublau kühlen Wasser
Er zieht in schweren Schwaden
Und als zart geformter Hauch

Zwischen Schilf, Baum und Strauch
Strebt er hoch zum Wolkenreich
Welches rosa, gelb, orange und rot
Am kalten klaren Himmel brennt

Im warmen Schein der Morgensonne
Entflammt der Dunst in seiner Stille
Und die vergänglich schöne Form
Wird ein loderndes Farbenspiel

Im Goldlicht tanzt die frische Luft
Verloren darunter die dunkle Natur
Vögel singen die ersten Lieder
Unerkannt in der Zauberei

Das Wasser plätschert wohlig sanft
Kleine Wellen begrüßen den Tag
Und die Sonne erhebt sich weiter
Immer heller in ihrer Pracht

Der züngelnd leichte Atem
Verflüchtigt sich stetig mehr
Bis er restlos verschwunden ist
Und so die bunten Insekten lockt

Der Tag kitzelt heiter das Leben
Beendet den Schlaf der langen Nacht
Und ich erkenne voller Frieden
Welches Glück sich mir hier zeigt

Abendkuss

Die Kraft
Die da liegt
Im wohligen Abendduft
In der Reinheit
Der Süße
Und der Frische
Das milde Verlangen
Nach Ruhe
Und Erlösung
Es umspielt mich
Küsst mein Herz
Meinen Geist
Und lässt mich vergessen
Was mich umgibt

... trage etwas zurück zu mir ...

Abschied

Ich wäre gerne noch einmal bei Dir gewesen. Es hätte mir den Sommer versüßt und ich hätte Abschied nehmen können, doch jetzt stehe ich hier im Herbst und bin ratlos, denn ich kann die Zeit nicht zurückdrehen und ich kann nicht ungeschehen machen, was passierte. Ich muss diesen Kampf mit mir in meiner Einsamkeit führen und es gibt niemanden, der mir so beistehen kann, dass es für mich erträglich wäre.

Ich hätte Deine Hand genommen und wäre mit Dir durch die Felder hinaus in den Wald gelaufen. Leider hatte ich damals nicht das nötige Vertrauen, um Dich zu fragen oder Dich einfach mitzunehmen – ich hoffe, Du verstehst das, denn der Platz ist noch immer so etwas wie mein Geheimnis und Du wärst die erste Person gewesen, die ihn mit mir gesehen hätte. Nun ist es leider zu spät und ich hasse mich dafür, dass ich nicht über meinen Schatten gesprungen bin. Hätte ich Dich doch nur angesprochen, wie vorher unzählige Male in meinen Gedanken ...

Weißt Du, es gibt einen besonderen Ort dort draußen. Um ihn herum liegt der Boden unter weichem Moos, das mit seiner satten Farbe jeden Blick fängt und welches auch im Hochsommer von glitzerndem Tau bedeckt ist. Es gibt keine Sträucher, dafür Farne, Gräser, Blumen in allen Farben und kraftvolle, hochgewachsene Laubbäume, deren Stämme von Efeu umhüllt sind. Es ist meist so, dass sich ein leichter Nebelhauch den ganzen Tag über in den Kronen hält und so die einfallenden Lichtstrahlen sichtbar werden, bevor sie mit den Wasserperlen ihr Spiel eingehen. Überall fliegen bunte Schmetterlinge umher, Insekten, die eifrig von Blüte zu Blüte ziehen, Vögel singen in allen Facetten und untermalen so den Frieden, der das Fleckchen Erde bewohnt; man kann ihn sehen, erahnen und tief in sich fühlen.

Es ist wie im Winter, wenn man auf einem Friedhof ungesehen in der Nähe einer trauernden Bronzefigur steht. Wenn man ganz leise ist und etwas Zeit mitbringt, so kann es passieren, dass man die Tränen fallen hört.

Wir wären zusammen immer weiter in diesen Zauber gelaufen, bis wir die Senke und ihr Wasser erreicht hätten – bestimmt barfüßig, um den kühlen Tau auf der Haut zu spüren.

Sie ist in der Mitte etwa drei Meter tief und fällt sehr langsam ab. Wie groß sie insgesamt ist, kann ich gar nicht so genau sagen, aber von der einen Seite aus ist es nicht möglich, das gegenüberliegende Ufer zu sehen. Der gesamte Grund ist von Algen bedeckt, die wie Grashalme wirken und nicht höher wachsen als etwa vier Handbreit. Sie wiegen sich nur leicht, so als wäre das Wasser eine flüssige Brise. Die Bäume, die sich in der Senke befinden, stehen sehr licht und werfen Schatten, die zusammen mit dem Sonnenschein tanzen. Das Schauspiel kann aber nicht von dem ablenken, was diesen Ort für mich so einzigartig macht: Grabsteine und Skulpturen. Sie stehen aufrecht, sind teilweise gekippt oder komplett umgestürzt, hier und da im Boden versunken, nahezu unversehrt oder von der Zeit gezeichnet, aus dem Wasser ragend oder vollkommen unter der Oberfläche verschwunden. Es ist einfach traumhaft, bei diesen Zeugen längst vergangener Tage und Nächte zu sein. Und wenn man zwischen und über ihnen schwimmt und taucht, dann ist es wie fliegen, denn das Wasser ist so rein, dass es fast nicht zu erkennen ist.

Wenn wir dort wären, so würde ich mit Dir in das seichte Wasser am Rand gehen und Dir dort tief in die Augen schauen. Vielleicht würden wir uns dann händehaltend auf einen Baumstamm setzen, die Füße in das erfrischende Nass halten und schweigend in die Ferne blicken, wo die Sonne auf den leichten Wellen funkelt.

Aber mir bleibt nicht einmal die Berührung unserer Hände als Erinnerung, weder die erste noch die letzte. Es ist fast so, als könne ich Deine Hand an meiner spüren, ganz leicht, wie eine greifbare Sehnsucht. Aber ich kann sie nicht festhalten. Wir konnten keinen Abschied nehmen und genau das quält mich.

Es schmerzt wie die Tatsache, dass ich Dich nie näher kennengelernt habe. Möglicherweise hätten wir uns unterhalten und ich hätte Dir helfen können. Einige Dinge wären dann nicht so verlaufen, wie sie es taten ...

Doch ich werde Deine Hand nehmen, wenn wir uns im nächsten Leben wieder sehen. Und dann werde ich mit Dir in den Wald gehen und wir werden uns auf den Baumstamm setzen. Vielleicht wartet schon ein Vogel in der Nähe auf uns, auf einem steinernen Engelsflügel, der aus dem Wasser ragt, um uns ein Lied zu singen und uns zu sagen, dass Glück doch greifbar ist ...

grau

Teil 5

... denn am Abgrund liegt der Frieden ...

Einsamkeit – Nachmittags in der Küche

Er saß allein in der kalten Küche und blickte vom Tisch aus immer wieder durch das dreckige Fenster hinaus in den ausklingenden Tag. Er wünschte sich, dass der Winter bald enden möge, denn er konnte keine Schneeflocken mehr sehen und keine Kälte mehr spüren – wenngleich beides in einer sanften Dosis durchaus schön war.

Vor ihm stand eine große Tasse mit warmer Milch, in der Honig gelöst war und in welche er immer wieder einen Butterkeks tauchte, ihn kurz in der weißen Köstlichkeit hielt, um ihn dann aufgeweicht zu essen; es war stets eine Gratwanderung, denn jeder Keks hätte noch vor dem Ziel in seinem Mund abbrechen können, ob nun in der Tasse oder irgendwo zwischen Milch und Mund. Aber selbst wenn es passiert wäre, so hätte es ihn nicht weiter interessiert. Der Zwischenfall hätte seine Gedanken vermutlich nur so lange beschäftigt, wie sich ein durchschnittlicher Furz im Wind hält.

Er wärmte auch seine Hände an der Tasse. Sie spendete ihm Nahrung, Wärme und in gewisser Weise auch Trost. Sie war einfach da, ohne Fragen zu stellen. Und das brauchte er, denn er fühlte sich schon den ganzen Tag über leer, lustlos und unruhig zugleich. Er hasste solche Tage. Er begann etwas, um sich zu beschäftigen, um sich abzulenken, und im nächsten Moment verlor die Tätigkeit an Reiz und er glitt zurück in die

Schwermütigkeit. Es war schrecklich. Und die kahlen, untapezierten Wände halfen ihm dabei kein bisschen; sie kamen vielmehr näher, engten ihn ein und drohten mit jeder Sekunde, ihn zu ersticken. Aber er wollte auch nicht hinaus in den Tag, nicht hinaus in die Wirklichkeit. Er konnte es nicht, denn die Welt war für ihn zu befremdlich. Er war ein Träumer.

Er machte sich keine Gedanken darüber, was er noch tun könnte, um den Tag nicht vollkommen ungenutzt verstreichen zu lassen. Er blieb einfach sitzen, hielt die Tasse und nahm von Zeit zu Zeit einen Schluck der langsam abkühlenden Milch, denn er hatte keinen Appetit mehr auf Kekse. Er freute sich über diesen Moment, über die Stimmung. Und irgendwie war er glücklich. Doch er wusste auch, dass dieses Glück nicht lange anhalten würde; es war so vergänglich wie eine Schneeflocke, die auf seiner Haut landete und sich dort auflöste.

Er wollte nicht nachdenken. Und doch tat er es plötzlich wieder. Dafür hasste er sich.

Einsamkeit – Die Tastatur

Er lebte auf nicht mehr als 20 Quadratmetern. Seine Wohnung hatte zwei Räume und befand sich in einer grauen Wüste aus Beton, Stahl, Ignoranz und Einsamkeit im 15. Stockwerk. Wenn man den Raum betrat, so befand sich rechts eine Türe zum fensterlosen Bad, in dem es ein Klo gab, ein Waschbecken und eine Duschkabine. Links stand eine Singleküche mit einer Kombination aus zwei Herdplatten, einem Kühlschrank und einer kleinen Spüle, alles in einem Block aus selbst zusammengeschraubten Spanplatten und Leisten. Daneben war ein kleiner Schrank, der am Boden stand und auf dem sich Geschirr und Zeitschriften türmten; er hatte keinen Platz, um den Schrank an der Wand zu befestigen, denn die Wohnung war nur etwa zwei Meter hoch. Neben diesem Schrank stand an der seitlichen Wand die kleine Waschmaschine, auf der ein Toaster stand, der umgelegt als kleiner Backofen genutzt werden konnte.

Etwas weiter im Raum standen ein kleiner Tisch und ein Holzstuhl. Unmittelbar daneben stand ein Wäscheständer mit Socken, Unterhosen und T-Shirts, wobei alles lieblos über die einzelnen, gespannten Wäscheleinen gelegt worden war. Dann folgte ein selbstgebautes Bücherregal, das als Raumteiler fungierte und sich von der linken Wand aus in das Zimmer erstreckte. Davor stand ein Kasten mit leeren Mineralwasserflaschen. Das

Regal selbst war über und über gefüllt mit Büchern, DVDs, CDs und weiteren Zeitschriften. Die Wand gegenüber der Wohnungstüre hatte zwei Fenster, von denen eines durch das Regal daran gehindert wurde, sein gesamtes Licht in den Raum zu werfen – zwischen dem Regal und dem Fenster befand sich am Boden eine Matratze, auf welcher er normalerweise schlief. Hinter der Matratze stapelten sich in der hinteren Ecke dieses kleinen Schlafbereiches mehrere Klappboxen in den Farben Rot, Gelb, Grün und Blau bis knapp unter die Decke, in denen sich seine gesamten Klamotten und andere Habseligkeiten befanden, denn er hatte keine Kommode oder etwas in dieser Art.

Da das Bad eher einem Würfel glich, der in die Ecke des Raumes gelegt worden war, hatte das Zimmer einen L-förmigen Grundriss. In der so in der rechten hinteren Ecke beim zweiten Fenster entstandenen Nische befand sich ein kleiner Tisch mit einem PC darunter, dem Monitor darauf – links und rechts an ihm befanden sich kleine Boxen – und einem weiteren Holzstuhl mit Kissen davor. Hier lagen überall Skizzen herum, Notizen auf den unterschiedlichsten Zetteln und Materialien – Ecken von Zeitungsseiten, Pappereste, Filzstift auf leeren Taschentuchpackungen, um nur einige zu nennen. Es war ein kreatives Chaos.

Die vorhanglosen Fenster ermöglichten einen Blick hinaus in die schreckliche Wirklichkeit: Bis zum sich im Dunst verlierenden Horizont nur

Schornsteine, eiserne Rohrlabyrinthe, feuerspuckende Schlote, zischende Ventile, riesige Hallen, Tankanlagen und Fabriken, alles durchsetzt von einem Netz der Beleuchtung in allen Farben.

Er trat ein, sperrte die Tür hinter sich wieder zu und legte die Plastiktüte auf die zwei Herdplatten. Er hatte nur Brot gekauft, eine Packung Milch, Rasierschaum, eine Tafel Schokolade und eine Packung Buchstabensuppe. Seine Jacke hängte er an den einsamen Haken an der Türe, wonach er seine Schuhe abstreifte und diese direkt vor der Türe liegen ließ. Mit einem Loch an der Ferse im rechten Strumpf lief er wie in Trance direkt zu seinem brummenden PC und schaltete klickend den Monitor ein und bewegte kurz die Maus, um den Stromsparmodus zu beenden. Er sah kurz auf das sich erhellende Bild und sah, dass ihm niemand geschrieben hatte. Danach wandte er sich ab und ging auf die Toilette.

Die gesamte Wohnung wirkte mit ihren kahlen, lediglich weiß gestrichenen Wänden sehr unwohnlich und ungepflegt. Doch er war gewissenhaft, was man aber nur an seiner Tastatur erkennen konnte: Er hatte sie so verändert, dass es ihm möglich war, in allen Freiräumen zwischen und um die einzelnen Tasten herum Gras zu züchten. Es wuchs so fein, dass es an Pinselborsten erinnerte. Da er blind perfekt schreiben konnte, traf er nie die Halme, so dass sie nicht beschädigt wurden. Gewissenhaft kürzte er sie mindestens zweimal in der Woche mit einer kleinen Schere; überall auf die exakt gleiche Länge, was er mit einem

Lineal überprüfte. Es dauerte oftmals Stunden, bis er mit dem Ergebnis zufrieden war. Immer wieder tropfte er etwas Wasser auf die Tastatur und alle paar Wochen ein oder zwei klein gemahlene Düngerkörnchen, denn diese gaben die Nährstoffe nach und nach ab, so dass er sich nicht mehr kümmern musste.

Oben auf dem Bücherregal stand eine weitere Tastatur, um die er sich ebenso sorgsam kümmerte. Er wollte stets im Fall der Fälle eine Ersatztastatur haben, denn auf das kleine Stückchen Farbe und Frieden in seinem grauen Leben wollte er nicht verzichten.

Einsamkeit – Regentanz

Es war ein kleiner, überdachter Durchgang, der von der Türe zum Inneren, wo ein Fahrstuhl war, zu den Metalltreppen führte, über die man entweder weiter hinauf auf die Aussichtsplattform gelangen oder über einhundert Meter hinab steigen konnte, um wieder festen Boden unter den Füßen zu haben. Der Durchgang war links und rechts hinter dem Geländer von Sicherheitsglas begrenzt, welches weitgehend Schutz vor Wind und Wetter bot, was bei den Treppen nicht der Fall war.

Sie stand hinter der Scheibe und blickte hinab. Sie sah, wie von den Vorsprüngen, von den Metalltreppen, den Leitern, den Stegen, die sich überall an der Außenwand dieses stillgelegten Gasometers befanden, und von den Stahlträgern die Regentropfen geweht wurden. Direkt unter dem Metall, auf dem sie stand, flogen vom Wind getrieben deutlich sichtbar zahllose Wasserkügelchen wie Perlen hervor, beschrieben einen langsam abfallenden Bogen, verwirbelten minimal und gesellten sich in der Ferne im immer steiler werdenden Fall zu den anderen, bevor sie sich im wilden Regensturm unter den anderen Tropfen verloren.

Sie musste an glitzernden Staub denken, an Sternenstaub und an den Schweif eines Kometen im All, während sie sich verfluchte, nicht ihren Fotoapparat mitgenommen zu haben; dieses

Motiv war einfach wundervoll, geordnet, chaotisch und doch sanft.

Unten liefen Menschen schnell durch den Regen und in einiger Entfernung konnte sie den Parkplatz sehen, auf welchem die teilweise großen Pfützen wie die Abdrücke riesiger Tierpfoten wirkten.

Tränen rollten langsam über ihre Wangen hinab zum Kinn und zu ihren Lippen. Sie konnte das Salz schmecken; ihr Salz. Sie kannte es so gut. Sie hätte 1000 verschiedene Tränen kosten und darunter ihre eigene erkennen können, dessen war sie sich sicher.

Sie schaute nach rechts, ob jemand von unten oder von oben über die Treppen geeilt kam, um sich vor dem Regen in Sicherheit zu bringen. Sie wäre unverzüglich nach links in die Dunkelheit im Inneren gelaufen; ihre Tränen gingen niemanden etwas an. Aber es kam niemand. Auch nicht von innen. Und so wandte sie sich wieder den Regenperlen zu.

Der Wind wehte von hinten seitlich an den rechten Nackenbereich und ließ sie frösteln. Ihre Gedanken flogen mit den Perlen und sie fragte sich, ob sie bei dem Wetter eine Erkältung bekommen würde und ob es in den Tropfen kribbelte, denn es würde auch in ihr kribbeln, wenn sie das zwei Meter hohe Absperrgitter an der Treppe überwinden und in die Tiefe springen würde. Sie ließ ihren Blick einzelnen Kügelchen folgen und versetzte sich in sie hinein: Sie blickte sich im Fall um, atmete die kalte Luft und fühlte sie an jeder Stelle ihres Körpers. Und sie ahnte das Kribbeln – der Traum von Freiheit.

Sie stand noch einige Zeit dort und kämpfte so gut es ging dagegen an, nicht weinend zusammenzubrechen. Sie würde es zuhause hinter der Türe ihres Zimmers tun. Wie immer.

Irgendwann wischte sie sich mit dem Handrücken die Tränen von den Wangen, atmete tief durch, lief nach links und trat wieder in die schützende Dunkelheit, um mit dem Fahrstuhl wieder 100 Meter hinab zu fahren und den Heimweg im Regen anzutreten.

Einsamkeit – Ein Sonntag im Sommer

Er träumte davon, sich eine Flasche Wein zu kaufen, ein Glas zu nehmen, beides in seinen kleinen Rucksack zu packen und sich einfach hinaus in den Park zu begeben oder auf die Uferwiesen am Fluss, wo sich abends immer viele Menschen trafen, um auf Decken zu entspannen, sich zu unterhalten, um am Wochenende sogar Zelte aufzubauen, um zu grillen, um verschiedene Gesellschaftsspiele zu spielen, Musik zu hören und Spaß zu haben. Aber er traute sich diesen Schritt nur in seinen Gedanken. Was sollte er tun, wenn plötzlich ein Ball zu ihm flog? Sollte er ihn aufheben? Würde er ihn ungeschickt in eine etwas falsche Richtung werfen, anstatt geradlinig zum Besitzer? Würde er sich blöde Sprüche anhören müssen, wenn er ihn unbeachtet liegen lassen würde? Würde man über ihn lästern? Wobei, diese Frage konnte er sich selbst beantworten, denn es waren bei diesem Wetter ohnehin überall nur die jungen, schönen und vor allem coolen Gruppen unterwegs. Aber er war allein. Er würde sich nicht einmal trauen, sich neben eine andere einzelne Person zu setzen. Es würde nur schmerzen, wenn diese Person sagen würde, dass sie auf jemanden wartet. Er müsste sich zwangsläufig weiter weg setzen und würde wieder alleine sein. Vermutlich würde er den Wein gar nicht auspacken, sondern einfach wortlos gehen und sich dafür hassen, überhaupt die Idee gehabt zu haben.

Und er würde rot werden. Er wurde leider schnell rot, zu schnell. Es brauchte nur längeren Augenkontakt – dieser war aber selten, denn er schaute, wenn er sich nach draußen wagte, meist zu Boden und kaum in die Gesichter, die ihn umgaben. Die ganze Welt verunsicherte ihn.

So konnte er auch keine Menschen kennenlernen. Er fragte sich immer, worüber er mit einer fremden Person sprechen sollte. Die Antwort war einfach: Er wusste es nicht. Hinzu kam, dass er seiner Ansicht nach aufgrund seiner fehlenden Lebenserfahrung zu uninteressant war. Alles in allem war es ein grausames Spiel, in dem er sich befand.

Und so saß er ein weiteres Mal in seiner Wohnung und spürte den viel zu warmen Wind des Sommers, der durch das Fenster hereinwehte und unter der Türe im Hausflur verschwand, um dann irgendwo durch eine andere Wohnung wieder nach draußen zu entweichen. Leider hatte er kein Wassereis mehr, um sich genussvoll etwas abzukühlen.

Er wäre gerne dieser Wind, denn er wurde nicht gesehen und war frei. Er könnte hinaus zu den Wiesen tanzen, ohne dass ihn jemand ansehen würde und er könnte Haut berühren und sie ihn. Aber nur leicht, nicht zu lange, denn er war es nicht gewöhnt. Er konnte sich nur sehr schwach daran erinnern, wie es sich anfühlte, mit seiner Hand eine andere Hand zu halten.

Aber er saß nur an seinem Rechner, surfte ohne Plan durch die digitale Welt im Monitor und verschwendete Zeit – wie so oft. Er hatte Angst vor dem Sommer, denn die Tage waren länger. Im Winter wurde es schnell dunkel und er konnte sich wohl und frei fühlen in den Armen der Finsternis. Es kam kein schlechtes Gewissen auf, wenn man 19 Uhr ins Bett ging. Aber nun war es bis 22 Uhr hell und es waren so viele Menschen unterwegs. Überall in den Straßen standen Stühle vor den Cafés, wo man sich traf, wo man saß, aß, trank und sich unterhielt. Und wo man sich kennenlernte, wenn man kontaktfreudig und nicht schüchtern war. Er kam sich fehl am Platz vor, selbst wenn er hier allein war. Es war schrecklich.

Es nagte an ihm, tief im Inneren. Und er konnte es nicht abstellen. Er konnte es einfach nicht. Es war so unausweichlich wie die Angst, die ihn daran hinderte, hinaus in die Sonne zu gehen und sich wenigstens etwas aus dieser Zelle zu befreien. Aber es ging nicht.

Einsamkeit – Die graue Zelle

Er wusste nicht einmal selbst, wie er es jeden Monat schaffte, die Miete und seinen Lebensunterhalt zu zahlen, was ihn aber auch nicht sonderlich interessierte. Er kaufte und verkaufte im Internet, handelte ab und zu mit Domains und übernahm kleine Programmieraufträge für verschiedene Personen auf der anderen Seite seines Bildschirmes.

Er fand die Blicke unerträglich. Anfangs war er gerne draußen gewesen, doch dann verkam es zu einem gelegentlichen Besuch im Park und steigerte sich derart, dass er nicht einmal mehr zum Einkaufen die Wohnung verließ, sondern nur noch für Arztbesuche; auf seine Gesundheit legte er viel Wert, wenngleich es ihm die starrenden Leute sicher niemals geglaubt hätten. Es war alles schleichend gekommen und es störte ihn nicht sonderlich. Natürlich machte ihm die Einsamkeit zu schaffen, aber diese war noch immer besser als die fremden Blicke, die ihn dort draußen stetig umgaben.

Zunächst hatte er begonnen, sich nicht mehr die Haare zu schneiden, um sich dann nach einigen Jahren in seiner Wohnung die rechte Kopfhälfte kahl zu rasieren. Auch den Bart rasierte er sich nur noch an den Wangen und nicht mehr am Kinn und über dem Mund, was sich dazu entwickelte, dass er die Haare ab und an zu einem kunstvollen Flechtwerk verband, indem er die Haare über der

Oberlippe zu Zöpfen verflocht und sie mit denen am Kinn verband, so dass sich eine Art Gitter vor seinem Mund befand. Teilweise war die Verbindung absichtlich so fest, dass er sich der Möglichkeit beraubte, den Mund zu öffnen und zu sprechen. Er löste das Haargitter dann nur zum Putzen der Zähne, indem er die einzelnen Haare zerschnitt, mit denen die Zöpfe zusammengehalten wurden. Nahrung nahm er in dieser Zeit nur im Mixer zerkleinert durch einen Strohhalm auf – dies führte allerdings dazu, dass er den Mund kaum länger als 4 Wochen verschlossen hielt, da der Appetit auf feste Nahrung dann doch zu stark wurde.

Er stand am Fenster und schaute hinaus. Das graue Licht des verregneten Tages fiel in den Raum und erhellte ihn leicht, während die anderen Fenster der kleinen Wohnung abgedunkelt waren. Der Regen fiel an das Glas und er war froh, dass er den kalten Wind nicht spüren musste. Er nahm einen Schluck Tee aus der Tasse, die er in der Hand hielt, und blickte nach links, wo auf dem kleinen Fernseher eine Digitaluhr stand. Sie verriet ihm, dass die Lebensmittel noch kommen mussten, die er über einen Einkaufsservice für ältere und behinderte Menschen bezog und sich an die Türe liefern ließ.

Es war immer der gleiche Mann. Sie sprachen nie ein Wort miteinander, das über das „Guten Tag" und „Auf Wiedersehen" hinausging – so verhielt es sich auch mit seinen Nachbarn auf dem Flur. Er fragte sich immer, wenn sie wieder aus seinem Blickfeld verschwunden waren und er die Türe hinter sich geschlossen hatte, ob auch sie nur ihre Wohnung und das Internet als Lebensraum gewählt hatten oder ob sie ab und an Besuch bekamen. Sprachen auch sie nur in der Form von Forenbeiträgen oder Sätzen, die mit einem Klick auf „Senden" entlassen wurden? Flüchteten auch sie sich in Tagträume, saßen auch sie stundenlang nichtstuend vor der Maschine, die ihnen nichts Neues zeigen konnte, was sie sehen wollten?

Er beugte sich mit dem Gesicht ganz nahe an die Scheibe und blickte die 35 Stockwerke hinab, wo die Straßen vom Dunst teilweise verschluckt wurden. Wie oft hatte er sich vorgestellt, einfach vom anderen Ende des Raumes mit Anlauf durch die Scheibe in den Tod zu springen. Aber er konnte es nicht, denn er sagte sich, dass es immer noch schlimmer kommen konnte. Der Sprung sollte als letzter Ausweg dienen, und von diesem Punkt war er noch zu weit entfernt.

In der Ferne flog ein schwarzer Vogel. Vielleicht war er auch dunkelbraun. Seine Augen waren nicht mehr die besten, denn nach all den Jahren in seiner Zelle war er überaus kurzsichtig. Er verfolgte seine Bahn für einige Zeit und glitt mit seinen Gedanken ab.

Vor Jahren hatte er noch einen Sinn für die Natur gehabt, hatte sich an ihr erfreuen können, hatte über sie nachdenken und philosophieren, sie betrachten und werten können. Doch er hatte es verlernt. Er lebte nur noch von Tag zu Tag und erfreute sich kaum an etwas. Er las keine Zeitung, schaute keine Nachrichten, informierte sich nur sehr dürftig im Internet und lebte so fern des Lebens dahin, wie es nur sein konnte. Auf einer einsamen Insel würde er sicher mehr unternehmen, sagte er sich, denn dort würde es keinen Liefer-Service für Essen geben und keinen Computer. Er würde barfüßig im Sand laufen und das Meeresrauschen hören, anstatt in Socken über den mit Müll und Unordnung bedeckten Teppich in seiner Wohnung mit dem Brummen des Rechners in den Ohren.

Es klingelte. Er stellte den Tee auf dem Heizkörper vor sich ab, drehte sich um und lief zur Türe. Vielleicht würde er eines Tages den Weg zurück finden und sich einen Urlaub buchen, um einmal das Meer zu sehen, denn er kannte es nur aus Filmen, Berichten und von Fotos. Vielleicht würde er sich später nach Preisen erkundigen, um zu sehen, wie lange er sparen musste, um sich etwas in der Art leisten zu können.

Er schaute durch den Spion und sah den Mann mit seiner Kiste, in der sich die Lebensmittel für die nächste Woche befanden. Ob dieser Mann wusste, dass er sich nach dem Meer sehnte, nach einem Ort jenseits dieser grauen Zelle?

Einsamkeit – Weltfremd

Er spülte Geschirr. Er tat es in unregelmäßigen Abständen, abhängig davon, was und wie viel zu spülen war. Er hatte schon die Tassen, Teller und das Besteck gereinigt und scheuerte daher kräftig im Kochtopf herum, in dem er am gestrigen Tag Kartoffeln gekocht hatte. Leider waren die Reste angetrocknet und erschwerten ihm so die Reinigung. Während er so mit dem Schwamm über die Unebenheiten rieb, die sich beharrlich nicht lösen wollten, dachte er nach.

Er hatte von der weiten Welt noch nicht wirklich viel gesehen. Und auch seine Kochkünste ließen zu wünschen übrig. Hätte er einen Sinn darin gesehen, sich zwei Stunden in die Küche zu stellen, etwas zu kochen und es dann in einer halben Stunde aufzuessen, so hätte er es vermutlich schon einmal gemacht. Aber es ergab keinen Sinn für ihn, wenngleich es ihn auch Lebensqualität kostete – er war bereit, dies zu opfern im Tausch gegen Zeit. Hinzu kam, dass er das Gefühl hatte, immer dümmer zu werden und sich immer schlechter Dinge merken zu können.

Die Jahre in seiner Traumwelt, einem Reich aus Phantasie, fern der Realität, die vor seiner Haustüre war, hatten ihre Spuren in ihm hinterlassen. Ein Blatt Papier und ein Stift hätten ihn glücklich gemacht; es hätte ihm genügt, auf einer Holzbank zu sitzen und in die Ferne zu schauen, abgelegen von jeglicher Zivilisation. Er hatte sich körperlich isoliert und sein Geist war nachgezogen. In seiner Wohnung hatte er seine Ländereien, seine Unbeschwertheit und den Schutz vor den Blicken, vor den Verletzungen. Aber das alles hatte den Preis des Zweifelns und des Sehnens – und es war oftmals sehr schwer, ihn zu bezahlen und dabei zu wissen, dass es nur eine weitere Rate war, die ihn näher zum Tod brachte.

Es war, als würde sich sein Geist abkapseln von den Dingen, die es dort draußen gab. Bis auf das Internet, Musik und Bücher waren fast alle Medien nach und nach aus seinem Leben verschwunden, so dass er gar nicht wusste, was aktuell vor sich ging. Hier und da ein kleiner Happen, mehr nicht. Er erschuf seine eigenen Dinge, indem sie sich nach und nach aus Buchstaben bildeten, die aus seinem Kopf auf den Monitor wanderten. Er war dort behütet. Einsam aber sicher vor all diesen Blicken, Zweifeln und Ängsten. Doch die Fragen hielten sich. Sie würden es immer tun. Und er würde weiter suchen.

Er wurde aus seinen Gedanken gerissen, als er feststellte, dass der Topf sauber war. Er stellte ihn umgekehrt auf ein Küchenhandtuch neben die Spüle, zog den Stöpsel heraus und legte den Schwamm neben den Wasserhahn. Er hörte, wie das Wasser abfloss. Es war wie er. Auch er war langsam immer mehr aus der Welt dort draußen verschwunden. Er sah zu, wie die Spüle leerer wurde. Nachdem das Wasser komplett seinen Weg gefunden hatte, wandte er sich ab, um wieder in seine Traumwelt zu gehen.

Einsamkeit – Die Lichter der Stadt

Er stand am Fenster und schaute hinaus in die Nacht, wo er in der Ferne die Lichter der Stadt sehen konnte. Es war ein Samstag und die rot leuchtende Anzeige der digitalen Uhr, die neben seinem Monitor stand, zeigte 23:37 Uhr an. Der Monitor knisterte leise, da er sich eben abgeschaltet hatte, um Strom zu sparen. Schlagartig war es in der Wohnung dunkler geworden, denn es brannte kein Licht. Aus den Kopfhörern, die neben der Tastatur lagen, erklang kaum vernehmbar die Mondscheinsonate.

Wahrscheinlich waren jetzt sehr viele Menschen dort draußen unterwegs, um einen Kinofilm zu sehen, um sich in eine Bar zu setzen oder um in einen Club zu gehen. Oder sie trafen sich bei Freunden, um einen geselligen Abend zu verleben. Er selbst war schon so lange nicht mehr im Kino gewesen, dass er gar nicht wusste, welcher Film damals aktuell gewesen war. Bars und Clubs hatten ihn noch nie interessiert. Vermutlich lag es am gleichen Grund, wegen dem er auch nie jemanden besuchte und selbst auch keinen Besuch bekam – er kannte niemanden.

Während er so in die Ferne blickte, überlegte er wieder, ob er es wagen sollte, sich im Schutze der Dunkelheit auf die Straße zu begeben und einige Zeit spazieren zu gehen, denn immerhin bestand zu dieser Zeit weniger das Risiko, die Blicke anderer Menschen auf sich zu spüren. Aber wohin sollte er gehen? Und was wäre, wenn er ein verliebtes Pärchen sehen würde? Oder eine Gruppe, die gemeinsam etwas unternahm? Er wusste, dass er allein war, aber eine solche Begegnung würde es ihm leibhaftig vor Augen führen; es war ein Unterschied, ob man es nun in einem Film sah oder in der Realität dort draußen. Und so verschwand der Gedanke einmal mehr in seinen Bedenken und in seiner Angst.

Er wandte sich ab und lief nach links zu der Matratze, die dort am Boden lag. Er legte den Kopf auf das plattgedrückte Kopfkissen und schaute nach oben zur Decke, die durch die fernen Lichter leicht erkennbar war. Der Rechner brummte und er hörte, wie auf seiner externen Festplatte die ROM-Sets gespeichert wurden, die er schon den ganzen Tag über aus dem Internet saugte.

Sollte er schlafen oder doch besser noch schauen, welche Spiele er nun schon hatte? Die Zeit hatte sich den Tag über endlos gezogen. Immer wieder vom Rechner zum Fernseher, wo er eine DVD nach der anderen angeschaut hatte, ohne eigentlich wirklich Lust auf eine zu haben, da er sie alle schon zu oft gesehen hatte. Er hatte auch kurz gezeichnet, etwas gelesen und versucht, sich wieder mit Origami zu befassen. Doch seine Unzufriedenheit verhinderte, dass er sich auf eine Sache konzentrieren konnte, und so hatte er im Grunde genommen gar nichts gemacht und den Tag verschwendet – wie schon so unzählige vorher.

Es war wohl besser, wenn er schlafen würde. Vielleicht würde der nächste Tag anders verlaufen. Er glaubte es zwar nicht, aber er durfte ja noch träumen, denn genau das hielt ihn vom Wahnsinn in dieser Wohnung und vom Sprung aus dem Fenster ab. Die Frage war zwar, wie lange es noch gut gehen würde, aber darüber wollte er nicht nachdenken. Er wollte lieber schlafen und den Tag vergessen.

Knie nieder vor Deinen Tränen

Der Zauber des Verfalls

Das Anwesen war verfallen; hier und da waren Mauern eingestürzt, das Licht fiel durch das Dach und durch die Löcher in den Wänden und Decken, um am Boden, der voller Geröll und Dreck war, vereinzelten Sprösslingen, Blumen und Gräsern Kraft zu spenden. Die Wände und die Steintreppen waren mit teilweise verdorrtem Rankenwerk überzogen und zeigten an vielen Stellen Schimmelbefall. In den Sonnenstrahlen tanzte der Staub, beflügelt vom frischen und reinen Wind, der durch das weitläufige Gebäude zog, das in all den Jahren immer mehr von der Natur zurückerobert worden war. Die Holzdielen waren zusammen mit den Möbeln verfault, die Fenstergläser meist kaputt, das Eisen war verrostet und nahezu jede Treppe hatte einen Schaden oder war vollständig eingestürzt.

Sie lief langsam durch die Eingangshalle und blickte sich aufmerksam um, denn die Ästhetik des Verfalls überwältigte sie. Sie fragte sich, weshalb man dieses Herrenhaus plötzlich verlassen hatte – denn nichts deutete auf einen Auszug hin, da alles noch komplett eingerichtet zu sein schien. Sie staunte über den blauen und roten Mohn, der sich in einigen Ecken angesiedelt hatte, ebenso über die Ranken, die von der Decke hingen und einen grünen Vorhang bildeten, der Räume in sich oder untereinander trennte. Das

Gebäude war ein Zauberland, denn es gab überall etwas zu entdecken und zu bewundern.

Sie war Stunden durch die Flügel gewandelt, welche über zwei Etagen verfügten, ehe sie die Halle fand und betrat.

Sie war rechteckig und verfügte über nur einen Eingang, der an einer der kurzen Seiten lag und an welchem sie stehen blieb. Etwa fünf Meter von der Türe entfernt befand sich eine Treppe, die hinab zum Beckengrund führte und sich über die gesamte Breite von rund 20 Metern erstreckte. Das Becken – es war 60 Meter lang – war von Säulen umgeben, die in regelmäßigen Abständen in drei Reihen standen und den fünf Meter breiten Weg, der das Becken von den Wänden der Halle trennte, gleichmäßig teilten.

Der Boden und die Wände – diese waren fast ohne Ausnahme vom Becken aus nicht zu erkennen, da sich zwischen den Säulen ebenfalls die Vorhänge aus grünen Ranken befanden – waren mit Steinplatten verkleidet, von denen viele kaputt waren und zwischen denen Pflanzen wuchsen, die wie jene im Rest des Anwesens ihren Teil dazu beitrugen, den Niedergang schleichend und unaufhaltsam voranzutreiben.

Sie lief einige Schritte nach vorn, bis sie vor der ersten Stufe der Treppe stand und sich somit auf gleicher Höhe mit der ersten Säulenreihe befand – der Durchmesser der Säulen betrug geschätzt 50 Zentimeter. Mindestens 20 Meter über ihr thronte mittig über dem Becken eine runde Kuppel, die nicht ganz eine Halbkugel mit einem Durchmesser von rund 18 Metern war und deren buntes Glas bis auf einige Scheiben unten im leeren und rissigen Wasserbecken lag, so dass nur noch ein Skelett zu sehen war. Der leichte Wind ließ die Ranken rauschen und sich wiegen.

Doch all das verblasste für sie bei jedem Schritt, den sie die Treppe hinab und näher zum hinteren Drittel des ein Meter tiefen Beckens machte, denn dort befand sich eine Szene aus ehemals weißem Marmor, der nun mehr dreckig und grünlich war, aber nichts von seiner Anmut verloren hatte, da er sich in die beinahe unwirkliche Umgebung perfekt einpasste.

Es wurde eine junge, lebensgroße Frau gezeigt, die nackt mit angewinkelten und gespreizten Beinen auf einem ein Meter hohen Quader saß und sich mit dem linken Arm abstützte, um mit dem Oberkörper nicht nach hinten zu kippen, während die rechte Hand ihre nackte Scham berührte, die dadurch weitestgehend unter den zarten und schlanken Fingern verborgen lag. Ihr Kopf war nach vorn geneigt, wo sie den Blick mit geschlossenen Augen und genussvollem Gesichtsausdruck auf ihre Hand gerichtet hatte. Ihr langes Haar fiel über ihre rechte Schulter nach vorn hinab und verdeckte so eine ihrer wohlgeformten Brüste.

Hinter ihr befand sich ein nach vorn gebeugter Engel, dessen Flügel leicht geweitet waren, und der auf seinem rechten Knie ruhte und das linke Bein angewinkelt hatte. Seine beiden Hände schmiegten sich um die Taille der Frau und sein

Kopf lag zur Seite geneigt direkt hinter ihrem Nacken – er biss sich an ihr fest.

Links hinter der Szene hatte es ein Kirschbaum geschafft, sich zu entwickeln. Er stand nun in voller Blüte und ließ seine sanften, rosagefärbten Blätter von der Brise getragen auf die zwei Personen sinken, die unter seinem Blätterdach Schutz gefunden hatten.

Nachdem sie die ungewöhnliche Darstellung von allen Seiten gesehen hatte, setzte sie sich an den Kirschbaum und blickte zum Eingang. Sie konnte Insekten sehen und hören, Vögel zwitscherten über ihr jenseits der zerstörten Kuppel und das Sonnenlicht tanzte ausgelassen mit den Schatten der Baumkrone. Sie fing mit der rechten Hand ein Blütenblatt und betrachtete es aufmerksam. Sie atmete tief ein fühlte sich seit langer Zeit endlich einmal wieder frei und geborgen.

Der letzte Besucher

Er stand aus seinem Sessel auf, in welchem er es sich mit einem Roman vor dem Kamin gemütlich gemacht hatte, legte das Buch mit der Schrift nach unten aufgeschlagen auf der Rückenlehne ab und trat an die Türe, an der es soeben geklopft hatte. Er warf noch einen kurzen Blick zum Feuer zurück und fragte sich dabei, wer wohl in dieser vom Regen kalten, stürmischen und gewittergeplagten Nacht einen Grund hatte, an seiner Türe zu stehen. Ohne eine Antwort zu finden – oder sie ernsthaft zu suchen, da er recht müde war – öffnete er und erkannte, dass es Zeit war.

Er erfuhr, wie es sich anfühlt, vom Sensenstahl mit nur einem Hieb entleibt zu werden. Zwischen der Erkenntnis, dass sein Ende gekommen war, und dem Aufschlagen seines abgetrennten Kopfes auf dem Boden, ging ihm nur ein Gedanke mit seiner eigenen Stimme durch den vom Alkohol getrübten Geist: „Wieso habe ich nur darüber nachgedacht und es nicht getan?"

Knie nieder vor Deinem Schmerz

... und die Feder fällt ins Nichts ...

schwarz

•••